管 琼 主 编
唐文武 副主编

解字国学

国学趣味亲子读本

上册

华东师范大学出版社·上海

图书在版编目（CIP）数据

解字国学 / 管琼主编. — 上海：华东师范大学出版社，2021
 ISBN 978-7-5760-1279-8

Ⅰ.①解… Ⅱ.①管… Ⅲ.①汉字-古文字-研究 Ⅳ.①H121

中国版本图书馆CIP数据核字（2021）第026662号

版权所有，翻印必究

解字国学

主　　编	管　琼
副主编	唐文武
审稿人	谭运长
策　　划	王　焰
责任编辑	时润民　朱妙津
责任校对	时东明
特约编辑	熊国华　彭惠清
书籍设计	刘思娟　余真妮
儿歌制作	广东省文艺研究所
音频录制	三声万物有声公司

出版发行	华东师范大学出版社
社　　址	上海市中山北路3663号　邮编 200062
网　　址	www.ecnupress.com.cn
电　　话	021-60821666　行政传真 021-62572105
客服电话	021-62865537　门市（邮购）电话 021-62869887
地　　址	上海市中山北路3663号华东师范大学校内先锋路口
网　　店	http://hdsdcbs.tmall.com
印刷者	上海昌鑫龙印务有限公司
开　　本	787×1092　16开
印　　张	28
字　　数	342千字
版　　次	2021年6月第1版
印　　次	2022年1月第2次
书　　号	ISBN 978-7-5760-1279-8
定　　价	128.00元（上下册）

出 版 人　王　焰

（如发现本版图书有印订质量问题，请寄回本社客服中心调换或电话021-62865537联系）

汉字又称中文字、中国字、方块字,属于表意文字的词素音节文字。

汉字是中国人认识世界的思维表现。

汉字是温暖的、可亲的,连接着昨天、今天和明天。

通过汉字,感受一笔一画下的文化和故事。

如何学习本书

认字
从读音、笔顺入手，学好中国音，写好方块字。

变字
一字三变，了解文字的演变过程。

释字
一字多义，解释字的本义、引申义、比喻义。

造字
通过加笔画造字、填字游戏，探知字里乾坤。

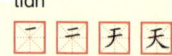

引字
通过引申字、成语解读，让你成为成语达人。

天 tiān
一 二 于 天

一字三变：甲骨文 → 金文 → 小篆 → 楷体

本义：一是颠，即人首，人头；
二是"天空"，头顶的一片天空。

天，高高在上，日月星辰在其中运行，风雨雷电在其中变幻。古人说：夫天者，人之始也；父母者，人之本也。人穷则反本，故劳苦倦极，未尝不呼天也；疾痛惨怛，未尝不呼父母也。大意是：天，是人的原始；父母，是人的本源。一个人在他困顿时，就希望回到本源，所以，当他处于劳苦疲倦至极的时候，没有不喊天的（比如：天呀！），当一个人被疾病缠身忧伤悲惨的时候，没有不呼爹喊娘的（比如：妈呀！）。

中华民族自古就有崇天敬祖的天命观，先民们认为天能左右人间祸福。民间有一种说法，举头三尺有神明。正是中国人对上天的敬畏。

昊 hào
本义：一片广大的天空，昊穹，昊苍。

天空是最美的，我们要学会做一个坦荡的人，像天空一样干净明朗。

天/003

成语达人

天从人愿 如愿以偿，好像天助一样。形容客观自然条件与主观上想做的事相一致。

天生丽质 天生：天然生成。丽质：美丽的姿容。形容女子妩媚艳丽。

天伦之乐 天伦：旧指父子、兄弟等亲属关系。泛指家庭的乐趣。

诗意汉字

登幽州台歌
唐·陈子昂

前不见古人，
后不见来者。
念天地之悠悠，
独怆然而涕下。

诗意汉字

通过相关的古诗文，陶冶情操、丰富知识。

歌唱字

用相关的童谣、绕口令或谚语，从此爱上阅读。

一字一故事

用相关的神话、传说、典故解说字的来源。

一字一故事

盘古开天地

传说太古时候，天地不分，整个宇宙像个大鸡蛋，里面混沌一团，漆黑一片，分不清上下左右、东南西北。但混沌中孕育着一个伟大的英雄，这就是开天辟地的盘古。盘古在浑圆体中足足孕育了一万八千年，终于从沉睡中醒来了。他睁开眼睛，只觉得黑乎乎的一片，浑身酷热难当，简直透不过气来。他想站起来，但身体被紧紧地包裹住，连舒展一下手脚也办不到。

急切间，他拔下自己的一颗牙齿，把它变成威力巨大的神斧，抡起来用力向周围劈砍。

浑圆体破裂了，变成两部分：一部分轻而清，一部分重而浊。轻而清者不断上升，变成了天；重而浊者不断下降，变成了地。盘古就这样头顶天脚踏地，诞生于天地之间。

盘古在天地间不断长大，他的头在天为神，他的脚在地为圣。天每日升高一丈，地每日增厚一丈，盘古每日生长一丈。如此一日九变，又经过了一万八千年，天变得极高，地变得极厚，盘古的身体也变得非常高大。

小朋友，你知道地球是怎样形成的吗？宇宙又是怎样形成的呢？

目录

上册

01 天地篇

天 · · · · · · · · · · 003
地 · · · · · · · · · · 007
日 · · · · · · · · · · 011
月 · · · · · · · · · · 015
明 · · · · · · · · · · 019
星 · · · · · · · · · · 023
辰 · · · · · · · · · · 027
风 · · · · · · · · · · 031
雨 · · · · · · · · · · 035
云 · · · · · · · · · · 039

02 人伦篇

父 · · · · · · · · · · 045
母 · · · · · · · · · · 049
男 · · · · · · · · · · 053
女 · · · · · · · · · · 057
老 · · · · · · · · · · 061
幼 · · · · · · · · · · 065
弟 · · · · · · · · · · 069
孝 · · · · · · · · · · 073
祖 · · · · · · · · · · 077
人 · · · · · · · · · · 081

03 身体篇

手 · · · · · · · · · · 087
足 · · · · · · · · · · 091
面 · · · · · · · · · · 095
首 · · · · · · · · · · 099
耳 · · · · · · · · · · 103
目 · · · · · · · · · · 107
口 · · · · · · · · · · 111
舌 · · · · · · · · · · 115
齿 · · · · · · · · · · 119
发 · · · · · · · · · · 123

04 山水篇

山 · · · · · · · · · · 129

峰	133	末	217
水	137	木	221
川	141	竹	225
岸	145	菜	229
井	149	禾	233
泉	153	草	237
石	157	茶	241
田	161	果	245
土	165	丰	249

05 动物篇

龙	171
马	175
羊	179
牛	183
象	187
龟	191
鸟	195
燕	199
蚕	203
鱼	207

下册

06 植物篇

本	213

07 方位篇

东	255
西	259
南	263
北	267
内	271
外	275
上	279
下	283
左	287
右	291

08 时序篇

甲	297

乙 · · · · · · · · · · · · 301
丙 · · · · · · · · · · · · 305
一 · · · · · · · · · · · · 309
三 · · · · · · · · · · · · 313
九 · · · · · · · · · · · · 317
子 · · · · · · · · · · · · 321
丑 · · · · · · · · · · · · 325
寅 · · · · · · · · · · · · 329
卯 · · · · · · · · · · · · 333

09 时令篇

春 · · · · · · · · · · · · 339
秋 · · · · · · · · · · · · 343
冬 · · · · · · · · · · · · 347
夏 · · · · · · · · · · · · 351
寒 · · · · · · · · · · · · 355
暑 · · · · · · · · · · · · 359
年 · · · · · · · · · · · · 363
宵 · · · · · · · · · · · · 367
朝 · · · · · · · · · · · · 371
夕 · · · · · · · · · · · · 375

10 文化篇

琴 · · · · · · · · · · · · 381
棋 · · · · · · · · · · · · 385
诗 · · · · · · · · · · · · 389
画 · · · · · · · · · · · · 393
册 · · · · · · · · · · · · 397
瓷 · · · · · · · · · · · · 401
玉 · · · · · · · · · · · · 405
金 · · · · · · · · · · · · 409
乐 · · · · · · · · · · · · 413
和 · · · · · · · · · · · · 417

后记 · · · · · · · · · · · · 421

读准汉字之音

辨识汉字之形

解析汉字之义

发现汉字之美

01
天地篇

云山静有情,
天地宽无际。
且放两眉开,
万事非人意。
——宋·王千秋
《生查子》

tiān

一 二 干 天

一字三变

甲骨文 → 金文 → 小篆 → 楷体

一字多义

本义：一是颠，即人首，人头；
二是"天空"，头顶的一片天空。

天，高高在上，日月星辰在其中运行，风雨雷电在其中变幻。古人说：夫天者，人之始也；父母者，人之本也。人穷则反本，故劳苦倦极，未尝不呼天也；疾痛惨怛，未尝不呼父母也。大意是：天，是人的原始；父母，是人的本源。一个人在他困顿时，就希望回到本源，所以，当他处于劳苦疲倦至极的时候，没有不呼喊天的（比如：天呀！），当一个人被疾病缠身忧伤悲惨的时候，没有不呼爹喊娘的（比如：妈呀！）。

中华民族自古就有崇天敬祖的天命观，先民们认为天能左右人间祸福。民间有一种说法，举头三尺有神明。正是中国人对上天的敬畏。

昊 hào

关联字

本义：一片广大的天空，昊穹，昊苍。

天空是最美的，我们要学会做一个坦荡的人，像天空一样干净明朗。

成语达人

天从人愿　如愿以偿，好像天助一样。形容客观自然条件与主观上想做的事相一致。

天生丽质　天生：天然生成。丽质：美丽的姿容。形容女子妩媚艳丽。

天伦之乐　天伦：旧指父子、兄弟等亲属关系。泛指家庭的乐趣。

诗意汉字

登幽州台歌
唐·陈子昂

前不见古人，
后不见来者。
念天地之悠悠，
独怆然而涕下。

会唱歌的汉字

天蓝蓝

天蓝蓝

海蓝蓝

蓝天大海紧相连

大地广

广无垠

无垠大地阔无边

风儿轻

风儿柔

若是发怒吹倒楼

云儿飘

云儿妙

乌云落雨很重要

字里乾坤

给字添或减一两笔看看 天 天 天

盘古开天地

传说太古时候，天地不分，整个宇宙像个大鸡蛋，里面混沌一团，漆黑一片，分不清上下左右、东南西北。但混沌中孕育着一个伟大的英雄，这就是开天辟地的盘古。盘古在浑圆体中足足孕育了一万八千年，终于从沉睡中醒来了。他睁开眼睛，只觉得黑乎乎的一片，浑身酷热难当，简直透不过气来。他想站起来，但身体被紧紧地包裹住，连舒展一下手脚也办不到。

急切间，他拔下自己的一颗牙齿，把它变成威力巨大的神斧，抡起来用力向周围劈砍。

浑圆体破裂了，变成两部分：一部分轻而清，一部分重而浊。轻而清者不断上升，变成了天；重而浊者不断下降，变成了地。盘古就这样头顶天脚踏地，诞生于天地之间。

盘古在天地间不断长大，他的头在天为神，他的脚在地为圣。天每日升高一丈，地每日增厚一丈，盘古每日生长一丈。如此一日九变，又经过了一万八千年，天变得极高，地变得极厚，盘古的身体也变得非常高大。

小朋友，你知道地球是怎样形成的吗？宇宙又是怎样形成的呢？

地 dì de

一 十 土 圹 圳 地

一字三变

地 ▶ 地

小篆　楷体

本义：大地，脚底下的土地。《周易·说卦传》："坤，地也，故称乎母。"朱子《周易本义》："坤也者，地也。万物皆致养焉。"

一字多义

大地蕴育滋养着一切花草树木、飞禽走兽、山峦河海与万类万物，我们尊称为"大地母亲"。《周易》曰："天行健，君子以自强不息；地势坤，君子以厚德载物。"

这里的"天"和"地"是什么呢？

"天"不仅仅是自然，而是宇宙的整体运行，包含着自然的"大道"；地能容纳一切东西，不论是脏东西还是一颗种子，地都赋予生机，没有怨气，也不争夺功劳。君子要向天学习大道，要向地学习宽厚包容。

载 zǎi

本义：乘坐，乘载，负担。

关联字

陆行载车，水行载舟。——《史记》

厚德载物：只有内在深厚的道德品行才能承载外在丰富的物质福报。

成语达人

英雄无用武之地　比喻有才能却没地方或机会施展。

地主之谊　地主：当地的主人。"谊"通"义"。本地主人应尽的义务，指招待外地来客。

天罗地网　天罗：张在空中捕鸟的网。天空地面，遍张罗网。上下四方设置的包围圈。比喻对所要追捕的对象的严密包围。

诗意汉字

黄鹤楼
唐·崔颢

昔人已乘黄鹤去，
此地空余黄鹤楼。
黄鹤一去不复返，
白云千载空悠悠。
晴川历历汉阳树，
芳草萋萋鹦鹉洲。
日暮乡关何处是？
烟波江上使人愁。

会唱歌的汉字

白雪与大地

冬天

大地的脸又脏又黑

落叶给它洗脸搓坏了指头

落叶不干了

换成白雪给大地洗脸

白雪的手冻在大地的脸上

拿不下来了

地/009

字里乾坤

给字添或减一两笔看看　地　地　地

四知先生：天知地知子知我知

东汉杨震由荆州刺史调任东莱太守，在赴任途中，经过昌邑（今山东巨野县东南）。昌邑县令王密是他在任荆州刺史时举"茂才"提拔起来的官员，听说杨震途经本地，为了报答杨震的恩情，于白天谒见后，又趁夜静无人之时，将特备的黄金十斤送给杨震。杨震不但不接受，还批评说："我和你是故交，关系比较密切，我很了解你的为人，而你却不了解我的为人，这是为什么呢？"王密说："现在深夜无人知道。"杨震说："天知、地知、你知、我知，怎能说无人知道呢？"受到谴责后，王密十分惭愧。

杨震"暮夜却金"的事影响很大，后人因此称杨震为"四知先生"。

这个故事告诉我们：人在做，天在看。所以我们要学会做一个坦荡的人。

日 rì

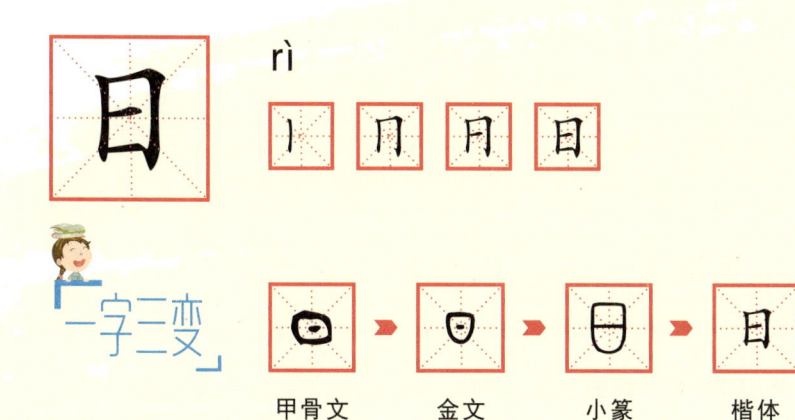

丨 冂 冃 日

一字三变

甲骨文 → 金文 → 小篆 → 楷体

一字多义

本义：太阳。

太阳当空，意味着白天来临，所以"日"字又引申为白天，与黑夜相对，"夜以继日"，也用来计算时间。

万物生长靠太阳，地球上的生物离开了太阳会怎样呢？

花儿离不开阳光和雨露。

太阳是最公平的，它照亮大地上所有的生物。生命的权力是老天爷赋予每一个人的，所以，我们要尊重生命，爱护众生。

旦 dàn

本义：天亮，破晓，太阳从地面刚刚升起的样子。

关联字

引申义为：1. 早晨，如通宵达旦。

2. 表示某一天，亦指农历的初一日，如旦望（农历的初一和十五日）。

3. 传统戏剧里扮演女子的角色，如老旦。

成语达人

日出而作，日入而息

古老而符合大自然规律的生活节奏，同学们也要养成良好的生活习惯，早睡早起。

冰冻三尺，非一日之寒

表面意义是冰冻了三尺，并不是一天的寒冷所能达到的效果。比喻一种情况的形成，是经过长时间的积累、酝酿的。

诗意汉字

诗经·采葛

彼采葛兮，

一日不见，

如三月兮。

彼采萧兮，

一日不见，

如三秋兮。

彼采艾兮，

一日不见，

如三岁兮。

会唱歌的汉字

太 阳

天上的太阳

被白云相中了

织成了彩霞

湖里的太阳

被鱼儿相中了

雕成了莲花

心里的太阳

被灵感相中了

写成了诗歌

字里乾坤

给字添或减一两笔看看　日　日　日

夸父追日

新的一天开始了。看着太阳从东方升起来，夸父决定要去追赶太阳。太阳爬上了山顶，夸父就追上山顶。太阳落到峡谷，夸父就追到峡谷。夸父跑过无数座大山，跨过无数条大河，一直追了七天七夜。最后，他追得实在太渴了，就跑到黄河边，把黄河水喝干了。可是他仍然很渴，就来到渭水边，一口气把渭水也喝光了。夸父继续追赶太阳。但是他实在太累太渴了，走着走着，就倒在地上再也没有站起来。

夸父死后，他的高大身躯变成了山脉，头发变成了树木，血液变成了河流，扔出去的那根手杖，变成了一片桃林。

有人认为夸父追赶太阳，是为了了解天地间自然规律，了解四季的变化；有人认为夸父不自量力，居然去与太阳赛跑；也有人认为夸父是为了从太阳上取得火种，让他的族人有火可用。

小朋友，你觉得夸父为什么要去追赶太阳呢？

月 yuè

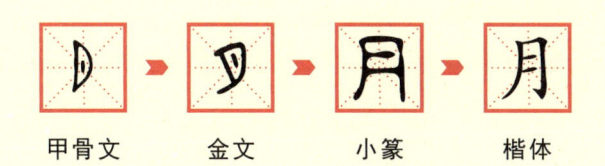

丿 亅 刀 月 月

一字三变

𝒟 → 𝒟 → 月 → 月

甲骨文　金文　小篆　楷体

一字多义

本义：月亮。甲骨文字形象半月形。

甲骨文"月"字在半圆形中加一短竖，指事字，表示半圆形天体发光的特性。月亮有圆缺变化，所以古人以残缺的圆形即半圆代表月亮。

月份：指某一个月。

月牙：新月，农历月初形状像钩的月亮。

朝 zhāo　cháo

关联字

本义：早晨。

汉·乐府诗《长歌行》："青青园中葵，朝露待日晞。"

朝气蓬勃：朝气，早上的空气，引申为新生向上，努力进取的气象；蓬勃，旺盛的样子。形容充满了生命和活力。少年人一定要有朝气，不可萎靡不振。

成语达人

月满则亏，水满则盈
比喻做事应适可而止，做得过分，就会走向反面。

闭月羞花　闭：藏；羞：害臊，羞涩。使月亮躲藏，使花儿羞惭。形容女子容貌美丽。

海底捞月　从海中捞月亮。比喻去做根本做不到的事，只能白费力气。

诗意汉字

静夜思

唐·李　白

床前明月光，
疑是地上霜。
举头望明月，
低头思故乡。

会唱歌的汉字

月亮冷了

天冷了

月亮弟弟没有衣服穿

他一定很冷

风伯伯

快把云衣服送来

给月亮弟弟穿上

字里乾坤

给字添或减一两笔看看　　月　月　月

嫦娥奔月

相传在远古的时候，天上有十个太阳，晒得大地直冒烟，老百姓实在是苦不堪言。

后羿是一个力大无比的青年，他决心为民除害。他登上高山，运足气力，拉满神弓，"嗖——嗖——嗖——"一口气射下九个太阳。天上只剩下最后一个太阳，后羿对它说："从今以后，你每天按时升起，按时落下，为民造福！"

后羿为百姓做了好事，被昆仑山上的西王母知道了，她给后羿送来一丸仙药。这粒仙药人吃了，可以长生不老，还可以升天成仙。有一个叫逢蒙的人听说了，就想偷取仙丹。

八月十五这天清晨，后羿出门去打猎。到了晚上，逢蒙手提宝剑闯进后羿家，威逼后羿的妻子嫦娥交出仙药。嫦娥是个善良的女子，她常常帮助乡亲们。她心想，逢蒙不怀好意，让这样的人吃了长生不老药，不知要害多少人呢。逢蒙见嫦娥不肯交出仙药，开始粗暴地翻箱倒柜。情急之下的嫦娥取出仙药，一口吞了下去。

吃了仙丹的嫦娥，不由自主地飘飘悠悠飞起来。她飞出窗子，飞过树梢，飞过洒满银辉的郊野，越飞越高。此时，一轮明月挂在碧蓝碧蓝的夜空中，嫦娥轻盈地一直朝着月亮飞去。

此时，后羿正在回家的路上，抬头时正好看见妻子嫦娥朝着月亮飞去。他焦急地大声呼喊着嫦娥，不顾一切地朝着嫦娥追去。可是嫦娥已经飞进月亮了。月亮好像故意不让后羿追上，他向前追三步，月亮就向后退三步，怎么也追不上。

后羿伤心地看着当空的皓月，圆圆的月亮上树影婆娑，有一只玉兔在树下跳来跳去，嫦娥站在桂树下，深情地望着自己的丈夫。乡亲们很想念好心的嫦娥，在院子里摆上嫦娥平日爱吃的食物，遥遥地为她祝福。从此以后，每年八月十五，就成了人们企盼团圆的节日。

míng 明

| 丨 | 冂 | 冂 | 日 | 日 | 明 | 明 | 明 |

一字三变

日月 → 日月 → 日月 → 明

甲骨文　金文　小篆　楷体

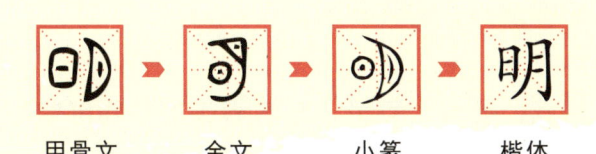

本义：明亮，清晰明亮。会意字。甲骨文以"日、月"发光表示明亮。

明，代表了明亮，人的心灵明亮，就像是被日月之光照亮一样，引申为明白，清楚。我们大家都应该做人明明白白，做事踏踏实实。明月：明亮的月亮。唐朝诗人张若虚《春江花月夜》诗："春江潮水连海平，海上明月共潮生。"

暗 àn

本义：昏暗，与"明"相对。《论衡·说日》："日中光明，故其出入时光暗，故大。"

形声字。从日，音声。其词语"黑暗"的引申义为：1. 没有光亮。2. 比喻反动、腐败。最黑暗的时候就是黎明快要到来的时候。成功之前是最困难的，如果你现在在困难中，一定要坚持，你就快成功了！

成语达人

光明正大　心怀坦白，言行正派。

春光明媚　明媚、美好、可爱。形容春天的景物鲜明可爱。

精明能干　机灵聪明，办事能力强。

诗意汉字

山居秋暝

唐·王　维

空山新雨后，天气晚来秋。
明月松间照，清泉石上流。
竹喧归浣女，莲动下渔舟。
随意春芳歇，王孙自可留。

会唱歌的汉字

明

左边一个太阳

右边一个月亮

太阳遇见月亮

天地更加明亮

明/021

字里乾坤

给字添或减一两笔看看　明　明　明

一字一故事

公鸡叫太阳

从前天上有十个太阳九个月亮，一位勇士射下了九个太阳八个月亮，吓得最后那个太阳和月亮躲藏起来，大地陷入一片黑暗。后来，老公鸡以其悠扬的歌声使太阳和月亮恢复了勇气，重新出来，使得大地恢复了光明。

日出东边，日落西边，公鸡打鸣，母鸡下蛋，这是自然界里再平常不过的事情了。

小朋友，你知道公鸡为什么会打鸣呢？

星 xīng

` 丶 ` ` 口 ` ` 日 ` ` 日 ` ` 旦 ` ` 旱 ` ` 星 ` ` 星 `

一字三变

甲骨文 → 金文 → 小篆 → 楷体

一字多义

本义：夜晚天上不停眨着眼睛的星星。宇宙间发射或反射光的天体。

"晶"是"星"的本字。晶，甲骨文由三个代表天体的"日"组成，表示众多闪烁的星体。引申义形容多而分散的事物。天上的星星很多很多，多到数也数不清楚，所以人们就用星星来表示数量很多、分布散乱的事物，比如"星罗棋布"。

晶 jīng

本义：光亮，明亮。

关联字

晶由三个代表天体的"日"组成，表示众多闪烁发光的星体。如：晶，精光也。(《说文解字》)徐灏曰："晶即星之象形文。"其引申义为：1. 物质从液态或气态形成晶体。

2. 喻珍贵的成果，如"这部作品是他多年研究的结晶"。

3. 形容光亮，如晶莹。

成语达人

星罗棋布 罗：罗列；布：分布。像天空的星星和棋盘上的棋子那样分布着。形容数量很多，分布很广。

星星之火 一点点小火星。比喻开始时很小，但有远大发展前途的新事物。

福星高照 形容人很幸运，有福气。

诗意汉字

秋 夕

唐·杜 牧

银烛秋光冷画屏，
轻罗小扇扑流萤。
天阶夜色凉如水，
坐看牵牛织女星。

会唱歌的汉字

星 星

去捉星星吧

她们在天上捉迷藏

围着月亮姐姐做游戏

别提有多开心

去捉星星吧

塞进枕头里

或者放进宝宝的梦里

让梦变得亮晶晶

去捉星星吧

把她们和梦一起埋进土里

施上许愿肥

浇上动听曲

你再数数天上的小调皮

是不是增加了许多呢

字里乾坤

给字添或减一两笔看看　星　星　星

张衡数星星

一天晚上,父母带着小张衡到打谷场纳凉。村里的大人小孩都玩得很热闹,只有张衡不声不响地待在一旁,望着茫茫夜空,嘴里还小声默念着"一个,两个……"母亲以为他累了,让他先回家,张衡好像没听见,依然站在那里,目不转睛地望着苍穹。父母见他没吱声,没再管他。这时,一个孩子拍了他一下,张衡才回过神来,揉一揉酸痛的脖子说:"我在数星星。"旁边的老爷爷说道:"孩子呀,别数了,天上的星星是数不完的。"

张衡打断老爷爷的话:"才不是呢,那一片天空就只有一千多颗,只要我坚持数下去,肯定会数完的。"父亲说:"衡儿,我知道你的想法,但你这样挨个数是不行的。天上的星星分布是有规律的,日后你要按照这些规律,把它们分成一个个星座。这样才会把它们弄清、记牢。"张衡将父亲的话牢牢记在心里,更加勤奋地学习天文地理知识,最终发明了浑天仪。小朋友,你知道浑天仪吗?你认识几个天上的星座呢?

chén

辰

一 厂 厂 厂 辰 辰 辰

一字三变

甲骨文 → 金文 → 小篆 → 楷体

本义： 辰，甲骨文像一个人双手握着一把工具，表示当时的人手持石锄，日出而作。

本义指日、月、星的总称，古人把日、月、星运行的一个昼夜分为十二个时辰，即每时辰为二小时。辰代表三月，这时阳气发动，雷电震动，是农民耕种的时节。也表示十二地支的第五位，子、丑、寅、卯、辰、巳、午、未、申、酉、戌、亥。还指时光、日子。宋代诗人柳永《雨霖铃》："此去经年，应是良辰好景虚设。"

rǔ

辱

本义： 辱，原表示持锄下地，艰辛劳作，此古义已消失，后引申为受折磨，受侮辱。

"恭近于礼，远耻辱也。"（《论语·学而》）指恭敬谨慎的态度符合于礼，就不致遭受耻辱。今天，我们通过学习成为一个懂礼貌有教养的孩子，就会受到他人的尊敬。

成语达人

良辰美景 良：美好；辰：时辰。美好的时光和景物。南朝诗人谢灵运《拟魏太子邺中集诗序》："天下良辰、美景、赏心、乐事，四者难并。"

良辰吉日 良：好；辰：时日；吉：吉利。美好的时辰，吉利的日子。后常用以称宜于成亲的日子。

诗意汉字

夜宿山寺

唐·李 白

危楼高百尺，
手可摘星辰。
不敢高声语，
恐惊天上人。

会唱歌的汉字

星 辰

当晚风撩起最后一缕夕阳

你便悄无声息地布满天空

静静地伫立在远方的天际

深深地凝视在地面上的我们

世界是如此的小

几乎每天都能相见

省略了问候

因为我们似曾相识

抬头仰望天空

原来天空是一座城堡

字里乾坤

给字添或减一两笔看看　辰　辰　辰　☐　☐　☐

太阳、地球和月亮

在我们的太阳系里,太阳是一个有着巨大影响而占支配地位的天体。太阳的质量占到整个太阳系的 99.8%,直径达 1 400 000 千米,是地球直径的 100 多倍。需要 109 个地球才能填满太阳的横截面,而它的内部则能容纳 130 万个以上的地球。

地球是太阳系中的一颗行星,月亮是地球的一颗天然卫星,地球和月亮构成的行星系,一刻不停地围绕着太阳进行公转,从而在地球上产生了春夏秋冬四季的差别。在地球和月球的行星系中,月亮围绕地球转动,同时地球在不停地自转,从而产生了昼与夜的差别。

当太阳、地球、月亮三者排成一条直线时,就会出现日食或月食现象;当月亮在中间挡住了太阳光射向地球时,就出现了日食;当地球在中间挡住了太阳光射向月亮时,就出现月食。

地球是太阳系中唯一一个有生命的星球,那么在广袤的银河系里,是否还有居住着智慧生命的星球呢,目前人类还无法回答这个问题。

fēng 风

丿 几 凡 风

一字三变

甲骨文 → 小篆 → 楷体

一字多义

本义：空气流动的自然现象；尤指空气与地球表面平行的自然运动。

甲骨文字形像长鼻、长牙的大型动物。

风的引申义为：1. 因为风的速度很快，所以指像风一样迅速、普遍，如"风靡一时"。2. 社会上长期形成的礼节、习俗，如风俗，风气。《资治通鉴·齐纪》："今将移风易俗，其道诚难。"3. 表现在外的景象、态度、举止，如风景，风度。

piāo 飘

关联字

本义：旋风；暴风。形声字。

《老子》第二十三章："飘风不终朝，骤雨不终日。"比喻来势虽猛，但持续的时间不会长久。《世说新语·容止》：飘如游云，矫若惊龙。飘逸如天上的游云，矫健像惊起的蛟龙。比喻一个人的神采，也常常形容书法。

成语达人

移风易俗　改变旧的风俗习惯。移：改变；易：变换。《荀子·乐论》："乐者，圣人之所乐也，而可以善民心，其感人深，其移风易俗，故先王导之以礼乐而民和睦。"

风雨交加　又是刮风，又是下雨。比喻几种灾难同时袭来。

风调雨顺　风雨及时适宜。形容风雨适合农时农事。常与"五谷丰登"相连使用。

诗意汉字

风

唐·李峤

解落三秋叶，能开二月花。
过江千尺浪，入竹万竿斜。

会唱歌的汉字

海上的风

海上的风是花神

她一来

就绽开万朵浪花

海上的风是琴师

她一来

就奏出万种歌声

海上的风是大力士

她一来

就送走万片渔帆

海上的风是狮子

它一吼

就掀起波浪滔天

字里乾坤

给字添或减一两笔看看 风 风 风

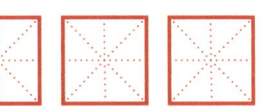

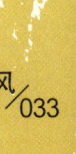

风是怎样形成的

每天清晨，我们走出家门去上学，迎面吹来的清风会让我们的身体非常愉悦，有时候，会遇上狂风暴雨，大风好像能够吹走地上的树，妈妈会告诉我们，是台风来了。

那么风到底是怎样形成的呢？

风是一种自然现象，它是由空气的流动引起的，空气的流动则是由太阳辐射引起的。太阳光照射在地球表面上，使地表温度升高，地表的空气受热膨胀变轻而往上升。空气在上升过程中，又因逐渐冷却变重而降落，由于地表温度较高又会加热空气使之上升，这种空气的流动就产生了风。

风有大风有小风，根据风吹到地面或水面的物体上所产生的各种现象，科学家们把风力的大小分为18个等级，最小是0级，最大为17级。

下面的歌谣，可以帮助我们了解风的等级：

零级无风炊烟上；一级软风烟稍斜；二级轻风树叶响；三级微风树枝晃；四级和风灰尘起；五级清风水起波；六级强风大树摇；七级疾风步难行；八级大风树枝折；九级烈风烟囱毁；十级狂风树根拔；十一级暴风陆罕见；十二级飓风浪滔天。

雨 yǔ

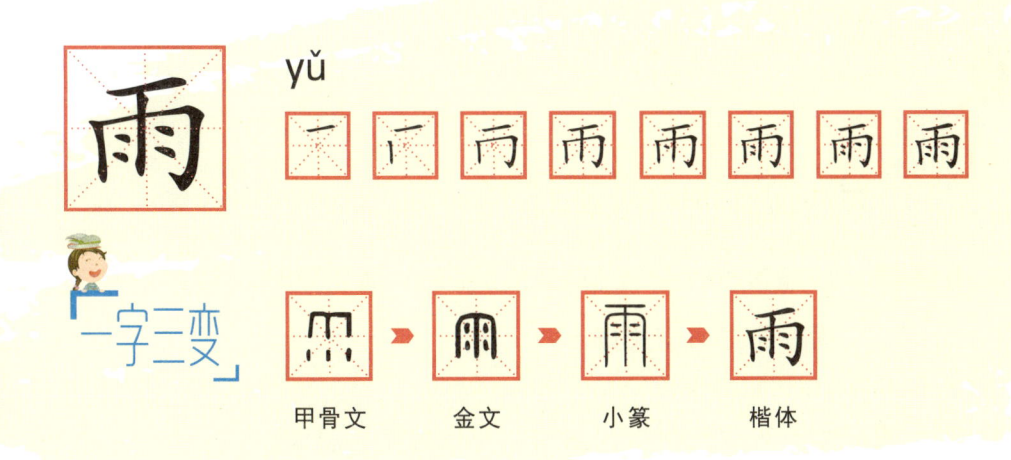

一 ｜ 厂 ｜ 币 ｜ 币 ｜ 雨 ｜ 雨 ｜ 雨

一字三变

甲骨文 → 金文 → 小篆 → 楷体

本义：下雨，从云层中降向地面的水。

一字多义

甲骨文的"雨"像水帘，上面加了一横，表示从天空降水。《荀子·劝学》："积土成山，风雨兴焉。"

雪 xuě

本义：空气中的水汽，冷却到摄氏零度以下时，就有部分凝结成冰晶，由空中降下，叫作雪。

关联字

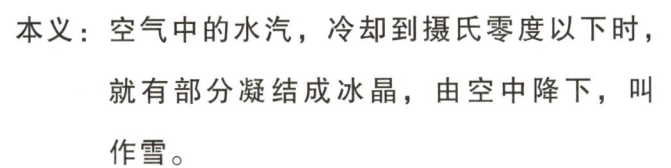

因为雪是白色的，所以引申为比喻白色。唐·李白《将进酒》："君不见高堂明镜悲白发，朝如青丝暮成雪。"

成语达人

未雨绸缪　比喻事先做好准备工作。绸缪：紧密缠缚。天还没有下雨，先把门窗关好。

雨露之恩　滋生万物的雨露的恩情。比喻恩泽、恩情。

雨过天晴　雨后转晴。

诗意汉字

春夜喜雨
唐·杜　甫

好雨知时节，
当春乃发生。
随风潜入夜，
润物细无声。

会唱歌的汉字

落雨大（粤语童谣）

落雨大　水浸街

阿哥担柴上街卖

阿嫂出街着花鞋

花鞋花袜花腰带

珍珠蝴蝶两边排

字里乾坤

给字添或减一两笔看看　雨　雨　雨

一字一故事

舞龙的传说

唐代贞观年间，浙江连年大旱，禾苗枯焦，百姓纷纷求告龙王。龙王动了恻隐之心，立即奔赴天庭奏请玉皇大帝，让玉皇大帝准他降雨。玉皇大帝下了一道旨令："城内降雨七分，城外降雨三分。"

龙王领旨后心想，城里降雨七分就要闹水灾，城外降雨三分又无济于事，何不来一个倒三七降雨呢！于是龙王在城里降了三分雨，在城外降了七分雨，城里城外的百姓都得到了好处。玉皇大帝知道以后，却是大发雷霆，怒斥龙王违抗天旨，对龙王处以斩刑。

百姓为了报答龙王的恩德，各村各庄都扎制了龙头，供奉在庙堂或厅堂，焚香礼拜。每到春节和元宵节，村民扛着龙头和龙身，沿村庄巡游，对龙王寄托哀思。由于龙头被斩了，所以龙头、龙身就分开来舞，叫做"断头龙"。

云 yún

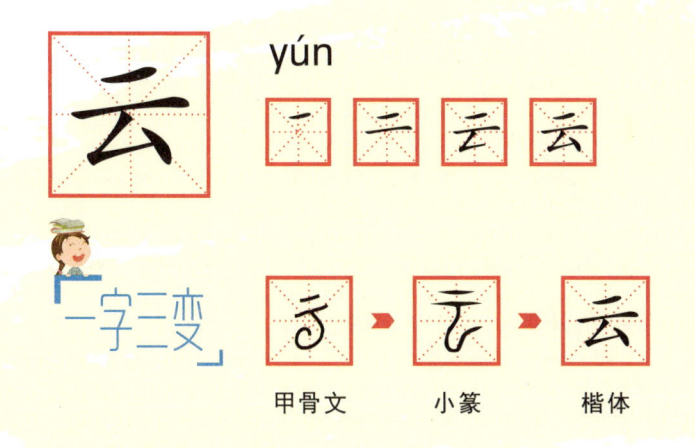

一 二 云 云

一字三变

⺈ → 云 → 云

甲骨文　小篆　楷体

本义：云彩。象形。

甲骨文字形在表示天空的"二"下面加一弯舒卷的线条，表示气流在天上流动。

引申义为 1. 天空飘着的白云。2. 云看起来很轻柔飘逸，于是引申为比喻轻柔舒卷，像云一样的事物。如云衫。3. 云在高高的天上，于是比喻高空。《庄子·大宗师》："黄帝得之，以登云天。"这里的"云天"就是指高空。

雾 wù

本义：浓密的云气。

接近地面的空气中的水蒸气。由于接触较冷的地表，因而凝结成小水滴或冰晶，使能见度不足一公里，就叫做"雾"。

引申义为：1. 比喻轻细的，如雾绡。2. 比喻浓密的。3. 昏晦，昏暗。

成语达人

拨云见日 拨开乌云见到太阳。比喻冲破黑暗，见到光明。也比喻消除困惑，思想豁然开朗。

壮志凌云 壮志：宏大的志愿；凌云：直上云霄。形容理想宏伟远大。

诗意汉字

云

唐·郑准

片片飞来静又闲，
楼头江上复山前。
飘零尽日不归去，
点破清光万里天。

会唱歌的汉字

白 云

绿树站着

青山躺着

白云飘着

为了探望青山

云儿拍动着翅膀

来到翠绿的山谷

为了采摘云朵

树儿张开手臂

伸向蔚蓝的天空

字里乾坤

给字添或减一两笔看看　云　云　云

云的故事

从前,天上有一朵白云,它长得像一只绵羊。就因为这样,其他云都笑话它。

"哈哈,你们看那朵云,多像一只绵羊啊。"一朵像太阳的云带头笑起来。

"是呀,好好笑。我像老虎,姐姐像帆船,我们都很漂亮。"

"看我,多像巨人的胡子。"说这话的云很大、很白。

一朵像羊角面包的云也跟着说:"就算长得像羊角面包,也总比像绵羊好。"

谁也不理睬这朵云。这朵云伤心地哭了。

它哭得太伤心了,停不下来。眼泪变成了细雨,落到地上。人们纷纷撑起五颜六色的雨伞。"真好看!"这朵云想,"这真是一幅有意思的场景。"它突然笑了起来。

它笑得整个身体都厉害地抖动着。抖着抖着,它已经不再像绵羊了,而是像一张又大又软的床。

晚上,月亮看到这样一张舒服的大床,忍不住轻轻靠在上面,很快进入了梦乡。

这朵云感到惊讶极了。它想,一定要让自己变得更柔软、更厚实,让月亮在自己的怀里好好睡一觉。

这下,那些曾经笑它长得丑的云再也不笑它了。

02 人伦篇

少小离家老大回，
乡音无改鬓毛衰。
儿童相见不相识，
笑问客从何处来。
——唐·贺知章
《回乡偶书》

父 fù

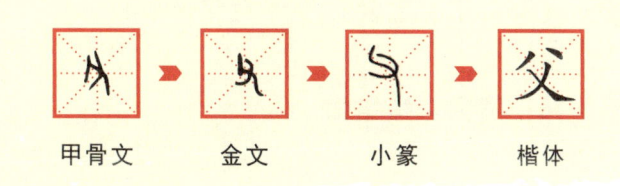

丿 丶 ⺈ 父

一字三变

甲骨文 ▶ 金文 ▶ 小篆 ▶ 楷体

本义：1. 手持石具，猎捕或劳动。

2. 名词：巧用工具劳动的男子。

3. 父亲，即母亲之丈夫。

4. 对亲族中的男性长辈的尊称。如伯父、舅父、叔父、祖父、父辈等。

一字多义

父亲对孩子的影响是最大的，既有遗传基因，也有后天的直接影响。所以说，每位父亲都要好好教导我们的孩子。孩子们既要尊重我们的父亲，也要向我们的父亲学习。

小朋友，你能说出你的父亲身上有哪些好习惯吗？

爸 bà

本义：对父亲的一种称呼。

关联字

每年六月第三个星期日都被称作父亲节，在这一天里，小朋友们可以给父亲送一份亲手制作的礼物，向父亲表达我们的爱意，感恩父亲对家庭的辛勤付出。

成语达人

父慈子孝　父母对子女慈爱，子女对父母孝顺。

父母之邦　邦：国家。指祖国。

有其父必有其子　有什么样的父亲一定会有什么样的儿子。

诗意汉字

诗经·小雅：蓼莪（lù é）

哀哀父母，生我劬（qú）劳。

无父何怙（hù），无母何恃（shì）？

【释义】可怜我的爹与妈，抚养我长大太辛劳！

　　　　没有亲爹何所靠？没有亲妈何所恃？

劬：弯腰用力；怙：依靠；恃：依赖。

会唱歌的汉字

女儿眼中的爸

老爸是一座高山

女儿是山上升起的朝霞

老爸是一条大河

女儿是河里的欢笑的浪花

老爸是一个童话

女儿是变成天鹅的丑小鸭

老爸是一首童谣

女儿是童谣天空的月亮娃

字里乾坤

给字添或减一两笔看看　父　父　父

无颜见江东父老

项羽堪称中国历史上最强的武将之一，古人对其有"羽之神勇，千古无二"的评价。

项羽早年跟随叔父项梁在吴中（今江苏苏州）起义，项梁阵亡后，他率军渡河救赵王歇，在巨鹿之战中击破章邯、王离领导的秦军主力。秦亡后，称西楚霸王，实行分封制，封灭秦功臣及六国贵族为王。

后汉王刘邦从汉中出兵进攻项羽，项羽与他展开了历时四年的楚汉战争，期间虽然屡屡大破刘邦，但项羽始终无法有固定的后方补给，粮草殆尽，又猜疑亚父范增，最后反被刘邦所灭。公元前202年，项羽兵败垓下（今安徽灵璧南），突围至乌江（今安徽和县乌江镇）边，因"无颜见江东父老"，自刎而死。

母 mǔ

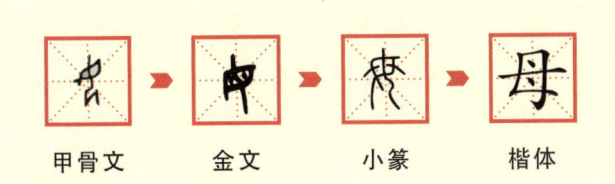

乚 口 母 母 母

一字三变

甲骨文 → 金文 → 小篆 → 楷体

一字多义

本义：母亲。家母，乳母，后母，老母等。表示与自己有着密切关系的女性长辈。

上古时期，在母系大家族中，"母"不仅指生身母亲，母亲的姐妹、姨姐妹都可称为"母"，现在会在母字前加上舅母、姨母、伯母、师母等。

子女由母亲所生，所以，"母"又引申指能繁衍的事物，比如：做馒头的"酵母"，能组合成拼音文字的"字母"，同一语系中成为各种方言共同根源的"母语"等。

母亲节是5月的第二个星期日，是一个感谢母亲的节日。母亲们在这一天通常会收到礼物，康乃馨被视为献给母亲的花。

后 hòu

关联字

本义：指有权威的女性长辈。

战争与狩猎时，需要向四方发号施令，所以，"后"也借用来表示男性首领。进入男性为主的社会，"后"又还给了女性，"皇后""母后""太后"等。而原先男性首领的"后"字演变成"司"，如"司令""有司"。

成语达人

失败为成功之母　失败是成功的先导，失败是成功的基础。
从失败中总结教训，最后取得成功。

为母则强　女人有了孩子以后，常常会发挥出令人难以想象的意志力。

贤妻良母　既是丈夫的好妻子，又是子女的好母亲。
用来称赞妇女贤惠。

诗意汉字

母别子

唐·白居易

母别子，子别母，白日无光哭声苦。
关西骠骑大将军，去年破虏新策勋。

会唱歌的汉字

挑妈妈

你问我出生前在做什么

我答我在天上挑妈妈

看见你了

觉得你特别好

想做你的孩子

又觉得自己可能没那个运气

没想到

第二天一早

我已经在你肚子里

母/051

字里乾坤

给字添或减一两笔看看　母　母　母

一字一故事

孟母三迁

战国的时候，有一个很伟大的大学问家孟子。孟子小的时候非常调皮，他的妈妈为了让他接受好的教育，花了好多的心血。当时，他们住在墓地旁边，孟子就和邻居的小孩一起学着大人跪拜、哭嚎的样子，玩起办理丧事的游戏。孟子的妈妈看到了，就皱起眉头："不行！我不能让我的孩子住在这里了！"孟子的妈妈就带着孟子搬到市集旁边去住。

到了市集，孟子又和邻居的小孩，学起商人做生意的样子。一会儿鞠躬欢迎客人、一会儿招待客人、一会儿和客人讨价还价，表演得像极了。孟子的妈妈知道了，又皱皱眉头："这个地方也不适合我的孩子居住。"于是，他们又搬家了。这一次，他们搬到了学校附近。孟子开始变得守秩序、懂礼貌、喜欢读书。这个时候，孟子的妈妈很满意地点着头说："这才是我儿子应该住的地方呀！"

后来，大家就用"孟母三迁"来表示人应该要接近好的人、事、物，才能学习到好的习惯！

男 nán

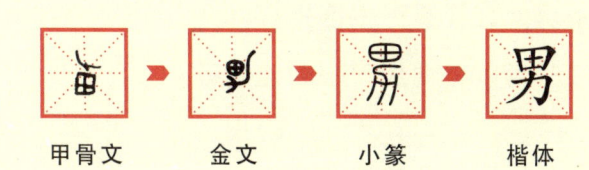

一 口 日 曰 田 甼 男

一字三变

甲 → 男 → 男 → 男
甲骨文　金文　小篆　楷体

一字多义

本义：男人，与"女"相对。
　　　田间农事的主要劳动力。

金文的"男"左边像田地，右边像犁头，
表明"男"是在田间出力犁田的雄性劳动者。

男性在家里的身份是丈夫或者儿子，引申为儿子、儿子对父母的自称。在家做儿子要对父母孝顺，做丈夫的要关怀妻子，做爸爸的要关心儿子。

子 zǐ

关联字

本义：婴儿，挥动两臂、尚不能独立活动的幼儿。

子又指：1. 儿女，古人称子兼男女。
　　　　2. 今则专指儿子，即某人直系血统的下一代男性。
　　　　3. 古人对自己老师的称呼。子曰："学而时习之。"

成语达人

男女有别　指男女之间有严格区别。
　　　　　　旧时用以强调应严守封建礼教。

男耕妇织　男的耕田，女的织布。
　　　　　　形容辛勤劳动或自给自足的小农家庭生活。

男子汉大丈夫　指成年的男子。也指志向高远有所作为的男人。

诗意汉字

子从军

唐·于濆

男作乡中丁，女作乡男妇。
南村与北里，日日见父母。
岂似从军儿，一去便白首。
何当铸剑戟，尽得丁男力。

会唱歌的汉字

好男儿

好男儿，是把伞

好男儿，是面墙

春夏秋冬把风雨挡

苦辣酸甜都得尝

好男儿，是把伞

好男儿，是面墙

春夏秋冬把风雨挡

家事国事胸中装

好男儿，勇担当

好男儿，坦荡荡

为家撑起一片天

为国撑起一片天

字里乾坤

给字添或减一两笔看看　男　男　男

愚公移山

北山下面有个名叫愚公的人,将近九十岁了,面对着山居住。他苦于山区北部的阻塞,出入都曲折绕道,于是集合全家人商量:"我跟你们尽全力铲平险峻的大山,使道路一直通向豫州南部,到达汉水南岸,好吗?"家人纷纷表示赞同。但他的妻子提出疑问说:"你连魁父这座小山也不能削平,但能把太行、王屋两座大山怎么样呢?再说,挖下来的土和石头又安放在哪里?"众人说:"把它扔到渤海的边上。"于是愚公率领三个人上山,凿石头,挖土,用箕畚运到渤海边上。

一位住在黄河曲流处的智叟讥笑愚公,说:"你真的太愚蠢了!就凭你残余的岁月连山上的一棵草都动不了,又能把泥土石头怎么样呢?"北山愚公长叹一声说:"即使我死了,还有儿子在呀;儿子又生孙子,孙子又生儿子;儿子又有儿子,儿子又有孙子;子子孙孙无穷无尽,可是山却不会增高加大,还怕挖不平吗?"河边智叟无话可答。

山神听说了这件事,向天帝报告了。天帝被愚公的诚心感动,命令大力神夸娥氏的两个儿子背走了那两座山,一座放在朔方的东边,一座放在雍州的南边。从这以后,冀州的南部直到汉水南岸,再也没有高山阻隔了。

女 nǚ

甲骨文 → 金文 → 小篆 → 楷体

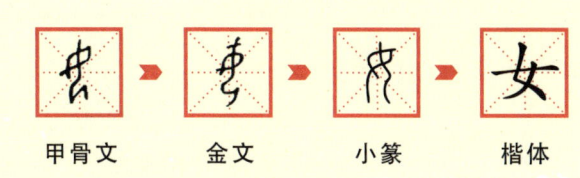

一字三变

本义：女性，女人，与"男"相对。

一字多义

甲骨文的"女"像一个女子双手交叉，放在膝盖上，娴静地交叠着双手。女性在家里的身份是妻子、母亲或者女儿，引申为女儿。

在家做女儿要对父母孝顺，做妻子要体贴丈夫，做妈妈要关心儿女。

坤 kūn

本义：大地，孕化万物的大地母亲。

关联字

《周易·象传》"地势坤，君子以厚德载物"，就是说作为一个君子，要像大地一样能承载万物、包容他人，像母亲对待孩子那样。

每个人都有缺点，能做到包容别人缺点的人是品格高尚的人。

成语达人

窈窕淑女　窈窕淑女，窈窕：美好的样子。淑女：温和善良的女子。
指美丽而有品行的女子。

女扮男装　女子穿上男装，打扮成男子的模样。

女娲补天　神话，伏羲的妹妹女娲炼五色石补天。
形容改造天地的雄伟气魄和大无畏的斗争精神。

诗意汉字

白云歌送刘十六归山

唐·李白

楚山秦山皆白云，白云处处长随君。
长随君，君入楚山里，云亦随君渡湘水。
湘水上，女萝衣，白云堪卧君早归。

会唱歌的汉字

谁说女子不如男

自古女子强

谁说不如男

木兰能从军

代父扮男装

杨门多女将

桂英挂帅强

词人李清照

两宋女才郎

修文习武强

谁说不如男

字里乾坤

给字添或减一两笔看看　女　女　女

女中豪杰

明朝湖南道川守将沈至绪，有一个独生女儿，名叫沈云英。自小聪明好学，跟父亲学得一身好武艺。因其父率兵迎异军死在战场上，当时沈云英才十七岁，她登上高处大声呼曰："我虽然是一个小女子，为完成父亲守城的遗志，我要决一死战。希望全体军民保卫家乡。"大家深受感动，发誓要夺回失地。很快解除了包围，取得了胜利。沈云英找到父亲的尸体，大声痛哭，全体军民都穿上孝服，参加了葬礼。朝廷下令追封沈至绪为副总兵，并任命沈云英为游击将军，继续守卫道州府。后来人们为她建了座忠孝双全的纪念祠。

lǎo 老

一 十 土 耂 耂 老

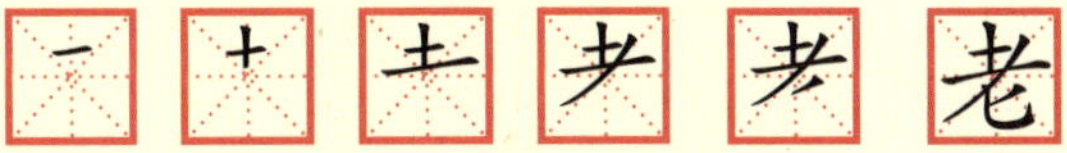

一字三变

甲骨文 → 金文 → 小篆 → 楷体

一字多义

本义：年老，衰老。

甲骨文的"老"像一位有着长胡须、弯着腰的老人，拄着拐杖的样子。

（1）老年，晚年。

（2）老年人，对老人的尊称，指父母或兄长。

（3）敬爱，敬重。《孟子·梁惠王上》："老吾老，以及人之老。"尊老是我国的传统美德。

所以一定要善待我们的爷爷奶奶、外公外婆，对待外边的老年人也要尊重他们，给他们让座，帮助他们。

长 zhǎng

关联字

本义：长者：长，为年老的人。

年老的人经历过很多事情，明白很多道理，所以我们会把经验丰富的、懂得很多道理的、德高望重的人称为长者。"长者"一词是对年事已高的人的尊称。

成语达人

老当益壮　年纪虽老而斗志更坚，干劲更大。

老马识途　老马认识曾经走过的道路。
比喻有经验的人对事情比较熟悉。

老吾老以及人之老　在赡养孝敬自己的长辈时，也应敬爱其他与自己没有亲缘关系的老人。

诗意汉字

回乡偶书

唐·贺知章

少小离家老大回，
乡音无改鬓毛衰。
儿童相见不相识，
笑问客从何处来。

会唱歌的汉字

爷爷的年龄

爷爷的年龄

写在脸上的皱纹里

马儿的年龄

嚼在嘴巴的牙齿里

树木的年龄

藏在肚子的年轮里

老师，池塘的年龄

是不是画在一圈圈的涟漪里

字里乾坤

给字添或减一两笔看看　老　老　老

老牛舐犊

三国时，曹操手下有位谋士叫杨修。一次，杨修随曹操出征，攻城不下，便就地安营扎寨。这时，杨修忽听曹操说道："鸡肋，鸡肋！"他立刻明白曹操的意思是想要退兵，便和士兵说："丞相打算退兵了。"这样，全营的人纷纷收拾行装，准备撤退。曹操巡营时，看到这种情况，非常吃惊，向士兵询问原因，才知道是杨修点破了自己的心思，暗暗佩服杨修的敏慧，同时也很嫉妒杨修的才智。于是，借口杨修扰乱军心，把他杀了。杨修死后，杨修的父亲杨彪非常伤心，因思念儿子而日渐憔悴。曹操问他说："杨公为什么会这般消瘦啊？"杨彪叹气说："我惭愧啊，没有能够像金日磾一样具有先见之明，现在还有一种像老牛舔着小牛一样的爱子之心！"曹操听后十分感动，不免内疚。

注：金日磾（前134—前86），本姓金天氏，字翁叔，凉州武威（今甘肃省武威市）人，匈奴族。西汉时期政治家、托孤大臣。

幼 yòu 𠃋 幺 幺 幻 幼

一字三变

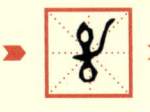

甲骨文 → 金文 → 小篆 → 楷体

本义：年少，手脚细嫩无力。

一字多义

甲骨文的"幼"，字形像一条细小的手臂，表示幼儿是手臂细小无力的小孩。

又指小孩儿。孩子是天真的、单纯的，童言无忌就是最好的说明，人慢慢长大了，就学会了掩饰自己的真实想法。所以，保留一份童真，就是保留一份"孩子气"是可爱的，也是难得的。

孩 hái
本义：当作婴儿看待。

关联字

孩子气，也有被认为幼稚、不懂事，这就需要学习，提高自己生活能力、学习能力。

有时候两个大人对话中会有这么一句话：你怎么一股孩子气呢！你觉得这里的"孩子气"应该怎么理解？

成语达人

幼学壮行　幼时勤于学习，壮年施展抱负。

年幼无知　指年纪小，不懂事。

长幼有序　指年长者和年幼者之间的先后尊卑。同"长幼有叙"。

诗意汉字

幼女词

唐·施肩吾

幼女才六岁，

未知巧与拙。

向夜在堂前，

学人拜新月。

会唱歌的汉字

弟弟，弟弟

弟弟，弟弟

真淘气

敢和姐姐抢玩具

姐姐比你大一岁

又懂事来又知礼

好吧，给你，让你

谁叫我是姐来你是弟

字里乾坤

给字添或减一两笔看看　幼　幼　幼

扶老携幼

春秋时候,齐国孟尝君门下有食客数千人,他把这些人分成上中下三个等级。

孟尝君的朋友把冯谖给他,由于冯谖没有什么专长,孟尝君就没有怎么理会他,家里的佣人也将冯谖当下等客人招待。冯谖心里很不高兴,天天发牢骚,孟尝君知道后,就把冯谖由下等升为上等,并给冯谖的母亲送去吃的和用的东西。

有一天,孟尝君让门客冯谖到薛地去讨债。冯谖到达薛地后,告诉所有欠债的人都不用还钱了,并谎称是孟尝君下的命令。替孟尝君买了个"义"的好名声。后来孟尝君回到薛地时,薛地的人民带着老人抱着小孩出城百里相迎。

后来,人们用成语"扶老携幼"形容民众成群结队而行。

弟 dì

、 ⸍ ⸍⸍ 丷 ⺷ 肖 弟 弟

一字三变

甲骨文 → 金文 → 小篆 → 楷体

本义：次序；象形字。

一字多义

甲骨文的"弟"像一条绳子绕绑在棍子上，表示用绳带一道道渐次缠绕戈戟的木柄。绳索捆束木桩，就出现了一圈一圈的"次第"。

弟的本义是次第的意思，引申为弟弟，泛指亲戚或亲族中辈分相同的而年纪较小的男子。

或指朋友相互间的谦称，多用于书信中。如：小弟，愚弟。

又指门生；学生，弟子。如孔子弟子三千。

仲 zhòng

本义：在当中居间调停、裁判。

关联字

"伯、仲、叔、季"，是古人兄弟行辈中长幼排行的次序，伯是老大，仲是老二，叔是老三，季是老四。目的在于知道自己在家族中的位置与责任，完成自己应该做的事情。

成语达人

弟男子侄　泛指晚辈男子。

兄友弟恭　哥哥对弟弟友爱，弟弟对哥哥恭敬。

梨园子弟　子弟：学生、弟子。旧称戏曲演员。也说梨园弟子。

诗意汉字

送人润州寻兄弟

唐·齐　己

君话南徐去，迢迢过建康。
弟兄新得信，鸿雁久离行。
木落空林浪，秋残渐雪霜。
闲游登北固，东望海苍苍。

会唱歌的汉字

兄道友

兄道友　弟道恭

兄弟睦　孝在中

财物轻　怨何生

言语忍　忿自泯

或饮食　或坐走

长者先　幼者后

弟/071

字里乾坤

给字添或减一两笔看看　弟　弟　弟

孔融让梨

孔融小时候聪明好学，才思敏捷，巧言妙答。四岁时，他已能背诵许多诗赋，并且懂得礼节，大家都夸他是奇童。

一天，父亲的朋友带了一盘梨子，给孔融兄弟们吃。父亲叫孔融分梨，孔融自己挑了个最小的梨子，其余按照长幼顺序分给兄弟。孔融说："我年纪小，应该吃小的梨，大梨该给哥哥们。"父亲听后十分惊喜，又问："那弟弟也比你小啊？"孔融说："因为弟弟比我小，所以我也应该让着他。"

"谦让"是中华民族一直所倡导的优秀品质，孔融对待哥哥时，能按照长幼顺序来，是尊敬兄长的表现，对弟弟有表现谦让，做到哥哥对弟弟的爱护。孔融这么做，把兄弟姐妹放在了第一位，先为他们考虑，因此获得了大人们的认可和赞许。

遇到好吃的东西，你能把第一口让给长辈或者哥哥姐姐、弟弟妹妹吗？

孝

xiào

一 十 十 耂 耂 孝 孝

一字三变

金文 → 小篆 → 楷体

本义：尽心奉养和顺从父母。

对双亲长辈孝敬的心意。

一字多义

甲骨文的"孝"，上面是老人，下面是小孩，表示儿孙搀扶老人。

指爱敬天下之人、顺天下人之心的美好德行。后多指尽心奉养父母，顺从父母的意志。

引申为：1. 祭，祭祀。2. 能继先人之志。

> 小朋友们：
> 你觉得孝顺是什么？

贤

xián

本义：有德行，多才能。

关联字

有才德的人，人才。三国时期曹操思贤若渴，想要得到贤明的人来帮助自己，就像口渴了想喝水一样。

我们在生活中，也要爱护身边拥有优秀品质的"贤人"，这样才能使自己变得更加优秀。

成语达人

孝悌忠信　指孝顺父母，尊敬兄长，忠于家庭（国家），取信于朋友，是当今社会应具备的道德标准。

入孝出弟　指回家要孝顺父母，出外要敬爱兄长。同"入孝出悌"。

孝思不匮　匮，缺乏。指对父母行孝道的心思时刻不忘。

诗意汉字

燕诗示刘叟

唐·白居易

梁上有双燕，翩翩雄与雌。
衔泥两椽间，一巢生四儿。
四儿日夜长，索食声孜孜。
青虫不易捕，黄口无饱期。
觜爪虽欲敝，心力不知疲。
须臾十来往，犹恐巢中饥。
辛勤三十日，母瘦雏渐肥。
喃喃教言语，一一刷毛衣。
一旦羽翼成，引上庭树枝。
举翅不回顾，随风四散飞。
雌雄空中鸣，声尽呼不归。
却入空巢里，啁啾终夜悲。
燕燕尔勿悲，尔当返自思。
思尔为雏日，高飞背母时。
当时父母念，今日尔应知。

会唱歌的汉字

敬老歌

天底下，人世上

爹娘恩深似海洋

从小懂得孝父母

长大报国好儿郎

日出东方好辉煌

黄河入海万里长

中华孝道传千古

千古中华礼仪邦

孝/075

字里乾坤

给字添或减一两笔看看　孝　孝　孝

孝感动天

舜，传说中的远古帝王，五帝之一，姓姚名重华，号有虞氏，史称虞舜。

相传他的父亲瞽叟（gǔ sǒu）及继母、异母弟象，多次想害死他：让舜修补谷仓仓顶时，从谷仓下纵火，舜手持两个斗笠跳下逃脱；让舜掘井时，瞽叟与象却下土填井，舜掘地道逃脱。

事后舜并不嫉恨，仍对父亲恭顺，对弟弟慈爱。他的孝行感动了天帝。舜在历山耕种，大象替他耕地，鸟代他锄草。帝尧听说舜非常孝顺，有处理政事的才干，把两个女儿娥皇和女英嫁给他；经过多年观察和考验，选定让舜做他的继承人。

舜登天子位后，去看望父亲，仍然恭恭敬敬，并封象弟弟为诸侯。

祖 zǔ

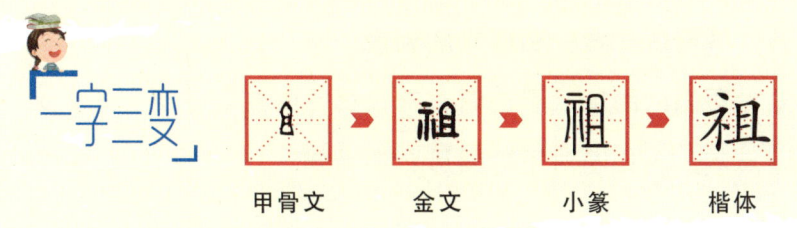

`丶 ㇇ 才 禾 礻 剂 初 袒 祖`

一字三变

甲骨文 → 金文 → 小篆 → 楷体

本义：祖庙，祭奠宗族先民的场所。

一字多义

在原始的共产平分社会，食物是平分的重点对象，因此平分食物精品的肉食，就成为祭祖敬神日的重要仪式。甲骨文的"祖"像将肉块平均分成两半，代表祭奠先民，平分肉食。

祖先，自祖父以上各辈尊长。

祖师，指言行、功业为后世所敬仰者。

祖籍，中国人特别注重自己的祖籍地，因为我们对祖先怀着尊敬、敬仰之情，如果没有我们的祖先，又怎么会有现在的我们呢？

宗 zōng

本义：宗庙，祖庙，在室内对祖先进行祭祀。

关联字

宗师是指在一个领域中受人尊崇而可奉为师表的人。要具有很高的修养和专业技能才能被人称得上是"宗师"。

成语达人

数典忘祖　数：数着说；典：指历来的制度、事迹。谈论历来的制度、事迹时，把自己祖先的职守都忘了。比喻忘本。也比喻对于本国历史的无知。

光宗耀祖　指为祖先、宗族增添光彩。

开山鼻祖　比喻一个学术流派、技艺的开创者。

诗意汉字

河上送赵仙舟

唐·王　维

相逢方一笑，相送还成泣。
祖帐忽伤离，荒城复愁入。
天寒远山净，日暮长河急。
解缆君已遥，望君空伫立。

会唱歌的汉字

家是最小国，国是千万家

一玉口中国

一瓦顶成家

都说国很大

其实一个家

有了强的国

才有富的家

一心装满国

一手擎起家

国是我的国

家是我的家

我爱我的国

我爱我的家

字里乾坤

给字添或减一两笔看看　祖　祖　祖

中华民族的始祖

黄帝和炎帝是华夏民族的始祖。《国语·晋语》上有记载："昔少典娶于有蟜氏，生黄帝、炎帝。黄帝以姬水成，炎帝以姜水成。成而异德，故黄帝为姬，炎帝为姜。二帝用师以相济也，异德之故也。"

这是中国历史上最早记载炎帝、黄帝诞生地的史料。后来，两个部落争夺领地，在阪泉这个地方，打了一战，黄帝打败了炎帝，两个部落的人渐渐融合，成了后来的华夏族，华夏族在汉朝以后，被称为汉人。炎帝和黄帝是中国文化、技术的始祖，传说他们以及他们的臣子、后代创造了上古几乎所有重要的发明，比如文字的发明，比如水稻的发明，比如火的发明。

人 rén

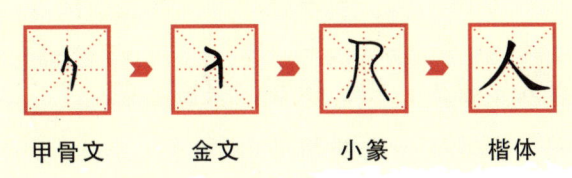

丿 人

「一字三变」

亻 → 刁 → 尺 → 人

甲骨文　金文　小篆　楷体

本义：躬身垂臂的人。象形字。

「一字多义」

《说文解字》："象臂胫之形"。

突出了人体的四肢，用分工明确的胳膊和腿，表示人的本质；再用侧立之形，寓意人的行色匆匆，四处奔波。

中国古人对自我的认识：人与其他动物的主要区别在于四肢，人能直立行走，且用双手使用工具。

肢体站立：人是可以直立行走的。

精神站立：人的精神上可达于天，下可立于地，是天地间成为具有独立人格的生命。人生在世，我们要始终保持一个姿势：挺身站立为人，顶天立地做人。

仁 rén

本义：指人与人的关系。

「关联字」

人与他人之间的关系，是人之所以为人的重要体现，所以"仁"的意思又引申为指人的精神品质。

"人"是人的身体、形状，"仁"则是人的精神。

成语达人

成人之美　成：成就。帮助成全别人的好事。

吉人天相　吉人：善人；相：帮助，保佑。
　　　　　　好人会得到上天的帮助。

助人为乐　帮助别人就是快乐。

诗意汉字

青青陵上柏（节选）

汉·佚　名

青青陵上柏，磊磊涧中石。
人生天地间，忽如远行客。

会唱歌的汉字

人字歌

人字很简单

撇捺两笔间

做人不简单

人生天地间

一撇惊天地

一捺立人间

两笔写人字

仁爱记心间

字里乾坤

给字添或减一两笔看看 　人　人　人

孔子问人不问马

在《论语·乡党》中记载了这样一件事:"厩焚。子退朝,曰:'伤人乎?'不问马。"

翻译过来就是说,家里的马厩着火被烧掉了。孔子退朝回家,得知情况后,便问:"有人受伤吗?"家人回答:"没有。"孔子放下心来,但他没有问到马。

小朋友,请你想一想:孔子为什么只问人没有问马呢?

03
身体篇

白发三千丈，
缘愁似个长。
不知明镜里，
何处得秋霜？

——唐·李白
《秋浦歌》

shǒu

一 二 三 手

一字三变

𠂇 → 手 → 手
金文　小篆　楷书

本义：人体上肢的总称，一般指腕以下部分。

一字多义

金文字形像五指伸开的样子。篆文承续金文字形。

现引申　1. 为人使用工具的上肢前端：手心。

　　　　2. 做某种事情或擅长某种技能的人：国手。

　　　　3. 技能、本领：手法（技巧，方法）。

拿 ná

本义：抓捕，拘捕。

关联字

拿，由"合"加"手"合成，表示双手牢牢对握，掌控、掌握。
拿手：指对某种技术擅长。比如：拿手好戏、画山水画她很拿手。

成语达人

眼高手低　眼力虽高，手法低。指要求的标准很高，但实际上自己做不到。

手忙脚乱　形容遇事慌张，不知如何是好。

手足之情　手足：比喻兄弟。比喻兄弟的感情。

诗意汉字

游子吟
唐·孟　郊

慈母手中线，游子身上衣。
临行密密缝，意恐迟迟归。
谁言寸草心，报得三春晖。

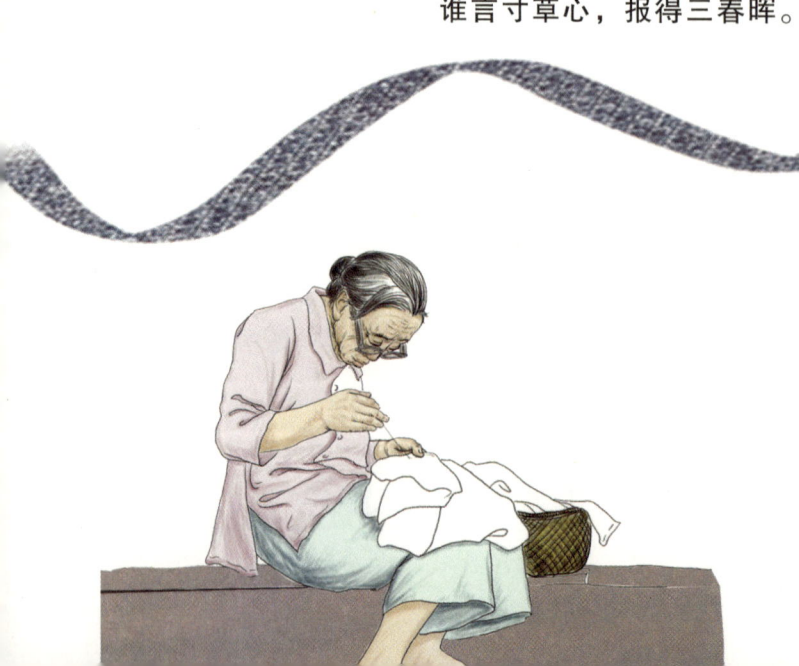

山外青山楼外楼

山外青山楼外楼

强中自有强中手

一天不练手脚慢

两天不练丢一半

三天不练门外汉

四天不练瞪眼看

给字添或减一两笔看看　手　手　手

盲人开灯

有一个盲人住在一栋楼里。每天晚上他都会到楼下花园去散步。奇怪的是，不论是上楼还是下楼，他虽然只能顺着墙摸索，却一定要用手按亮楼道里的灯。

一天，一个邻居忍不住好奇地问道："您的眼睛看不见，为何还要开灯呢？"盲人回答："开灯能给别人上下楼带来方便，也会给我带来方便。"

邻居疑惑地问道："开灯能给你带来什么方便呢？"盲人答道："开灯后，上下楼的人都会看得清楚，就不会把我撞倒了，这不就给我方便了吗？"

邻居恍然大悟。

足 zú

丶 口 口 尸 尸 足 足

一字三变

金文 ▶ 小篆 ▶ 楷书

一字多义

本义：脚；金文字形，上面的方口象膝，下面的"止"即脚，合起来指整个脚。

秦汉以前，"足"和"趾"都表示脚，"脚"表示腿。

魏晋以后，三者都表示脚，但在书面语中，多用"足"。现也引申为器物下部的支撑部分，如鼎足。

促 cù

关联字

本义：紧迫。又指急促，赶快。

既是声旁也是形旁，表示进军。促＝人（军队）+足（进军），也指为达到某一目的而推动对方使之行动。如促使。

成语达人

三足鼎立 像鼎的三只脚一样,各立一方,比喻三方面势力相互牵制的局面。出自《史记·淮阴侯列传》。

情同手足 比喻兄弟。交情很深,如同兄弟一样。

削足适履 适:适应;履:鞋。
因为鞋小脚大,就把脚削去一块来凑合鞋的大小。
1. 比喻不合理地迁就现有条件。
2. 比喻不顾具体情况,生搬硬套。

诗意汉字

江上送女道士褚三清游南岳

唐·李 白

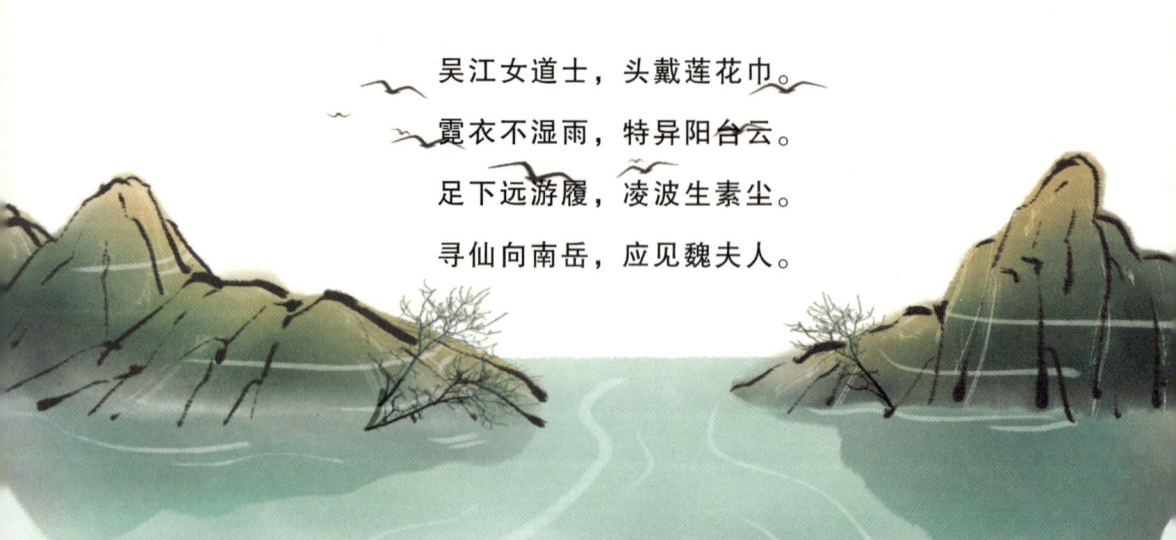

吴江女道士,头戴莲花巾。
霓衣不湿雨,特异阳台云。
足下远游履,凌波生素尘。
寻仙向南岳,应见魏夫人。

会唱歌的汉字

合抱之木

- 合抱之木　生于毫末
- 九层之台　起于累土
- 千里之行　始于足下

足/093

字里乾坤

给字添或减一两笔看看　足　足　足

一字一故事

画蛇添足

楚国有个祭祀的人，赏给门客一壶酒。门客们商量说："大家一起喝这壶酒不够，一个人喝它才差不多。请大家在地上画蛇，先画好的人喝这壶酒。"

一个人最先把蛇画好了，拿起酒壶准备饮酒，他左手拿酒壶，右手画蛇，说："我能为它画脚。"他还没有（把脚）画完，另一个人的蛇画好了，抢过酒壶，说："蛇本来就没有脚，你怎能为它画脚呢？"话刚说完，就把那壶酒喝完了。

那个给蛇画脚的人最终失去了那壶酒。

这篇寓言故事告诉我们，做事要遵守自然规律，不可多此一举，否则就会弄巧成拙。

miàn
面　一　丆　丆　百　而　而　面　面

一字三变

金文 ▶ 小篆 ▶ 楷书

本义："面"，在古代指人的整个面部。

象形。金文字形，里面是"目"字，外面表示面庞。

"脸"是魏晋时期才出现，而且只指两颊的上部，到唐宋时，口语中才开始用与"面"同义的"脸"字。

yán
颜

本义：面容，脸色，脸面。

鹤发童颜指仙鹤羽毛般雪白的头发，儿童般红润的面色。常用来形容老年人气色好。

你的爷爷奶奶身体好吗？可以用鹤发童颜来形容他们吗？

成语达人

面目可憎　形容人的容貌使人厌恶。例：三日不读书，便觉语言无味，面目可憎。

不识庐山真面目　庐山，山名，江西九江市南面的一座山。比喻认不清事物的真相和本质。

耳闻不如面见　听到的不如看到的真实可靠。比喻实际经验的重要。

诗意汉字

过故人庄

唐·孟浩然

故人具鸡黍，邀我至田家。
绿树村边合，青山郭外斜。
开轩面场圃，把酒话桑麻。
待到重阳日，还来就菊花。

会唱歌的汉字

读书不是为面子光

小嘛小儿郎，背着那书包上学堂，
不怕太阳晒，也不怕那风雨狂，
只怕先生骂我懒哪，
没有学问（啰）无颜见爹娘，
（朗里格朗里呀朗格里格朗），
没有学问（啰）无颜见爹娘。
小嘛小儿郎，背着那书包上学堂，
不是为做官，也不是为面子光，
只为做人要争气呀，
不受人欺负（呀）不做牛和羊，
（朗里格朗里呀朗格里格朗），
不受欺负（呀）不做牛和羊。

字里乾坤

给字添或减一两笔看看　面　面　面

负荆请罪

战国时期，廉颇是赵国有名的良将，他战功赫赫，被拜为上卿，蔺相如"完璧归赵"有功，被封为上大夫不久，又在渑池秦王与赵王相会的时候，维护了赵王的尊严，因此也被提升为上卿，且位在廉颇之上。廉颇对此不服，扬言说："我要是与他见面，一定要羞辱他一番。"蔺相如知道后，就有意不与廉颇会面。别人以为蔺相如害怕廉颇，廉颇为此很得意。可是蔺相如却说："我哪里会怕廉将军？不过，现在秦国倒是有点怕我们赵国，主要是因为有廉将军和我两个人在。如果我跟他互相攻击，只能对秦国有益。我之所以避开廉将军，是以国事为重，把私人的恩怨丢一边儿了！"这话传到了廉颇耳朵里，廉颇十分感动，便光着上身，背负荆杖，来到蔺相如家请罪。他羞愧地对蔺相如说："我真是一个糊涂人，想不到您能这样地宽宏大量！"两个人终于结成誓同生死的朋友。

首 shǒu

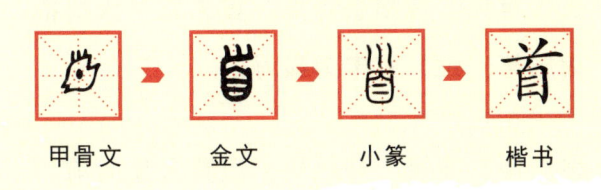

丶 丷 䒑 乊 乛 首 首 首 首

一字三变

甲骨文 → 金文 → 小篆 → 楷书

本义：头。本指人的头部。

后也泛指各种动物的头部。

甲骨文为象形字：有发、有眼、有嘴的动物头部。金文突出头部的毛发。有的金文省去嘴形，略去野兽特征，突出人类的眉毛与眼睛。

现在引申为 1. 领导，带头的人：首领、国家元首等。

2. 第一，最高。如：首都，首府。

3. 最先，最早：首次，首届，首创。

道 dào

本义：人或车辆所行走的道路。

道理，事物的规律。事情或论点的根据；理由。处理事情的办法、打算。讲道理是一个人长大的重要标志。

成语达人

首屈一指　首：首先。扳指头计算，首先弯下大拇指，表示第一。指居第一位。引申为最好的。

昂首阔步　昂：仰，高抬。仰起头，迈着大步向前。形容精神振奋，意气昂扬。

俯首帖耳　俯首：低头。低着头，耷拉着耳朵。形容恭顺服从，屈卑驯服的样子。

诗意汉字

虞美人

唐·李 煜

春花秋月何时了，往事知多少？
小楼昨夜又东风，故国不堪回首月明中。
雕栏玉砌应犹在，只是朱颜改。
问君能有几多愁，恰似一江春水向东流。

会唱歌的汉字

风调雨顺好兆头

二月二，龙抬头

大家小户使耕牛

二月二，龙抬头

大仓满小仓流

二月二，龙抬头

风调雨顺好兆头

字里乾坤

给字添或减一两笔看看　首　首　首

痛心疾首的故事

痛心疾首是一个汉语成语，形容痛恨到了极点或形容悲痛，伤心到了极点。这里有一个关于秦国与晋国、楚国和白狄四个诸侯国之间的故事。

春秋时，秦国和晋国有联姻关系，秦穆公又曾三次替晋国安定君位。但由于两国国境相接，双方都要发展自己的势力，所以时常发生冲突。后来晋历公即位，两国的君王订立了边界和平盟约。

但是秦国君王不守信用，很快就背叛盟约，去和楚国结盟。又强行命令晋国和秦国一起去进攻白狄。晋国迫于压力，只好答应了秦王。秦王却转头派人去白狄，说晋国要攻打他们。白狄和楚国都看穿了秦国的用心，非常痛恨秦国这样的背信弃义，于是将秦国所作所为的真相告诉了晋国国君。晋国得知后，联合诸侯之兵迎战秦国，同时派出外交官去和秦国绝交，说：各国诸侯如今都知道你们唯利是图，不守信用，大家都痛心疾首，要和晋国亲近友好。现在我们已经调动大军，如果你们和我们盟誓，就可退诸侯之兵，否则，我们各诸侯国将共同对付秦国。一个月以后，秦国和晋国两军开战，不守信用的秦国大败。

耳 ěr

一 丆 丌 开 耳 耳

一字三变

甲骨文 → 金文 → 小篆 → 楷书

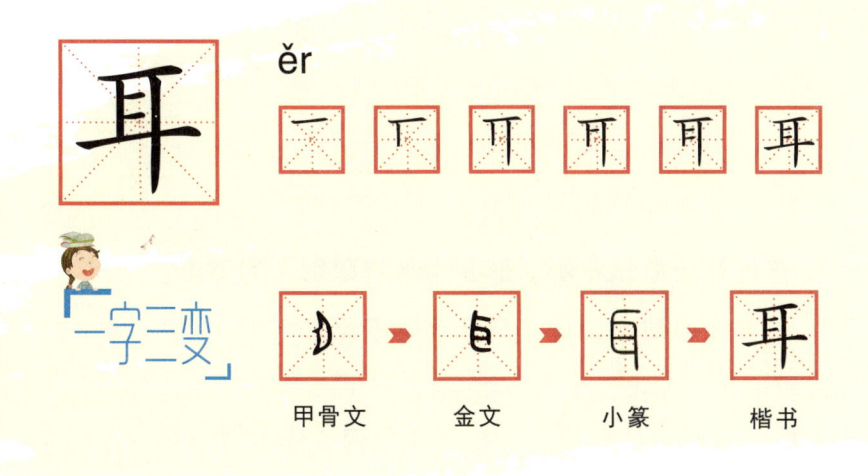

本义：长在人体头部侧边的听觉器官。

一字多义

听觉和平衡感觉器官，甲骨文像是蘑菇状的人类听觉器官的外廓。

现在，也用来形容形状像蘑菇状听觉器官的东西如木耳、银耳。也有表示听到、听说之意。如耳闻。

生活中哪些人对你"耳提面命"？我们都说时间宝贵，他们为什么会花时间来亲自教导我们？

闻 wén

本义：听见。

关联字

中医常用望闻问切来诊治病人。

闻过则喜，表示听到别人批评自己的缺点或错误，表示欢迎和高兴。指虚心接受意见。

成语达人

充耳不闻 1. 塞住耳朵故意不听。形容拒绝听取别人的意见。
2. 形容专心致志，什么声音也听不见。

闻鸡起舞 半夜听到鸡鸣而起来舞剑，比喻有志之士及时奋发。

面红耳赤 形容因急躁、害羞等脸上发红的样子。

诗意汉字

日出行

唐·李 贺

白日下昆仑，发光如舒丝。
徒照葵藿心，不照游子悲。
折折黄河曲，日从中央转。
旸谷耳曾闻，若木眼不见。
奈尔铄石，胡为销人。
羿弯弓属矢那不中，
足令久不得奔，讵教晨光夕昏。

会唱歌的汉字

保护耳朵

小耳朵
本领大
各种声音听得清
我们都要保护它
听音乐戴耳机
声音不要开太大
游泳进水别害怕
左边进水左耳压压压
右边进水右耳压压压
马路上有噪音
捂住耳朵快快跑
北风北风呼呼吹
戴上耳罩不怕冻
耳朵耳朵用处大
我呀一定保护你

字里乾坤

给字添或减一两笔看看　耳　耳　耳

掩耳盗铃

春秋时代,晋国贵族智伯灭掉了范氏。有人趁机跑到范氏家里想偷点东西,看见院子里吊着一口大钟。小偷心里高兴极了,想把这口精美的大钟背回家去。可是钟又大又重,怎么也挪不动。他想来想去,只有一个办法,那就是把钟敲碎,然后再分别搬回家。

小偷找来一把大锤,拼命朝钟砸去,"咣"的一声巨响,小偷着慌,心想这下糟了,这钟声不就等于告诉大家我正在这里偷钟吗?他心里一急,身子扑到了钟上,张开双臂想捂住钟声,可钟声又怎么捂得住呢!钟声依然悠悠地传向远方。

他越听越害怕,使劲捂住自己的耳朵。"咦,钟声变小了,听不见了!"小偷高兴起来,"妙极了!把耳朵捂住就听不到钟声了!"他立刻找来两个布团,把耳朵塞住,心想,这下谁也听不见钟声了。于是就放手砸起钟来,一下一下,钟声响亮地传到很远的地方。人们听到钟声蜂拥而至把小偷捉住了。

目

mù

丨 冂 冂 月 目

一字三变

甲骨文 ▶ 金文 ▶ 小篆 ▶ 楷书

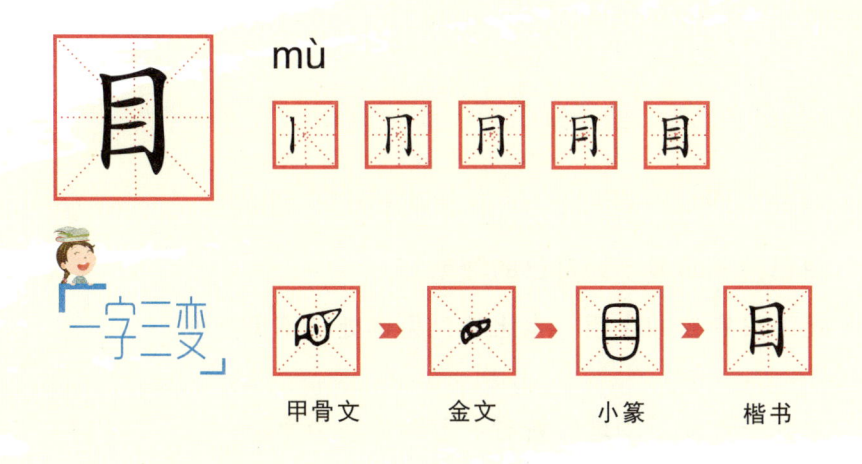

一字多义

本义：眼睛。

甲骨文、金文目字像人的眼睛。"目"的甲骨文竖写则为"臣"，表示俯首下视，屈服听命。

我们想要达到的地点、境地或想要得到的结果，就是目标。我们在学习中要有目标，有了目标的指引，我们才能更努力、更明确地朝着一个方向前进。设定自己的目标，为着目标脚踏实地地去完成吧！

盲

máng

本义：眼睛失明。

关联字

盲从，指对事物不能辨认，什么都不知道就跟从别人一起去做。大家买东西时，要想一下自己到底是不是真的需要，如果可以不要，就没必要盲目从众。父母的钱不应该随意乱花。

成语达人

目不见睫 自己的眼睛看不到自己的睫毛。比喻没有自知之明。也比喻只见远处，不见近处。

目不转睛 眼珠子一动不动地盯着看。形容注意力集中。

目无全牛 《庄子·养生主》记载，一个初杀牛的人，看见的是整个的牛，三年以后，技术熟练了，动刀时只看到皮骨间隙，而看不到全牛。后用以比喻技艺到了纯熟的、得心应手的境界。也比喻未看到整体情况。

诗意汉字

题金楼子后

五代·南唐·李 煜

牙签万轴裹红绡，

王粲书同付火烧。

不于祖龙留面目，

遗篇那得到今朝。

会唱歌的汉字

保护眼睛

小眼睛　亮晶晶
样样东西看得清
好孩子　讲卫生
不用脏手揉眼睛
小小眼睛很重要
人人都要保护好
多吃蔬菜不挑食
写字姿势要端正
背直头高要做到
一拳一尺要牢记
走路乘车不看书
躺在床上别看书
暗的地方要开灯
阳光底下不看书
用眼时间要控制
要让眼睛休息好
保护眼睛很重要
眼保健操不偷懒
人人保护好眼睛
远离近视眼睛亮

字里乾坤

给字添或减一两笔看看　目　目　目

一叶障目，不见泰山

楚国有个书呆子，由于生活贫穷，很想找到一条发财的门路。他读到一本书，书上说：谁得到螳螂捕蝉时遮身的那片树叶，别人就看不见了。他信以为真，整天在树下抬头望着。嘿！他终于看到了一只螳螂躲在一片树叶后面，正准备捕捉知了呢。他连忙把那片树叶摘下来。不料那片树叶掉下来，混在地上的落叶里，再也辨认不出了。他只好把所有的树叶扫回家来，一片一片地试。他把树叶遮住自己的眼睛，问妻子："你看得见我吗？"妻子总是说："看得见。"后来，妻子被他问烦了，随口答了一声："看不见！"他马上带着这片树叶，当面去取人家的东西，结果被扭送到衙门去了。县官经过审问，忍住笑，说："你真是'一叶障目，不见泰山'呀！"

kǒu

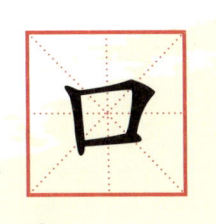

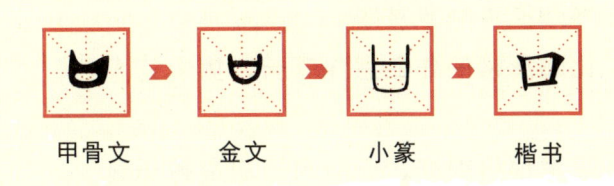

口 | 冂 口

一字三变

甲骨文 → 金文 → 小篆 → 楷书

本义：嘴巴，人类用来进食、呼吸、发音的器官。

一字多义

甲骨文"口"字像人张开的嘴巴。金文、篆文承续甲骨文字形。现在也指出入通过的地方，如出口、入口。

yán

本义：说，说话。

关联字

言行一致：说的和做的要一样。不可以心口不一、表里不一。
小朋友们，我们应该做一个什么样的人呢？

成语达人

口齿生香　嘴和牙齿都有香味。
比喻所读的作品意味深长，隽永宜人。

口是心非　嘴里说得很好，心里想的却是另一套。
指心口不一致。

守口如瓶　闭口不谈，像瓶口塞紧了一般。
是指说话谨慎，严守秘密。

诗意汉字

送李尊师玄

唐·孟　郊

口诵碧简文，身是青霞君。
头冠两片月，肩披一条云。
松骨轻自飞，鹤心高不群。

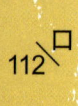

会唱歌的汉字

嘴和腿

嘴说腿

腿说嘴

嘴说腿爱跑腿

腿说嘴爱卖嘴

光动嘴不动腿

不如不长腿

字里乾坤

给字添或减一两笔看看　口　口　口

… 一字一故事

口　技

　　清朝有个叫林嗣环的人，写了一篇故事，说的是一个擅长表演口技的人，模仿各种声音达到惊人的效果的故事。

　　京城里有一家人宴请宾客，在客厅的东北角，安放了一座八尺高的屏风，表演口技的艺人坐在屏风里面。客人们围绕着屏风而坐。只听见屏风里面醒木一拍，全场静悄悄的，没有人敢大声说话。这时，听到远远的深巷中传来一阵狗叫声，有妇女惊醒后打呵欠和伸懒腰的声音，她的丈夫在说梦话。孩子醒了，大声哭起来。妇女轻声哼唱着哄孩子入睡。过了一会儿，传来老鼠窸窸窣窣的声音，盆子、器皿翻倒倾斜，妇女在梦中发出了咳嗽声。

　　突然听到一个人大声呼叫：着火啦，紧接着是丈夫和妇人的大声呼叫，两个小孩子哭了起来。过一会，有成百上千人大声呼叫，成百上千的小孩哭叫，成百上千条狗汪汪地叫。中间夹杂着劈里啪啦，房屋倒塌的声音，烈火燃烧发出爆裂的声音，呼呼的风声，又夹杂着成百上千人的求救的声音，救火的人们抢救东西的声音以及救火的声音。千百种的声音一起在响起。坐在屏风外的客人们吓得变了脸色，几乎要争先恐后地逃跑。

　　忽然醒木一拍，各种声响全部消失了。等到撤去屏风一看，里面只有一个人、一张桌子、一把椅子、一把扇子、一块醒木罢了，所有的声音都是这个人用口技模仿出来的。

shé 舌

一 千 千 舌 舌

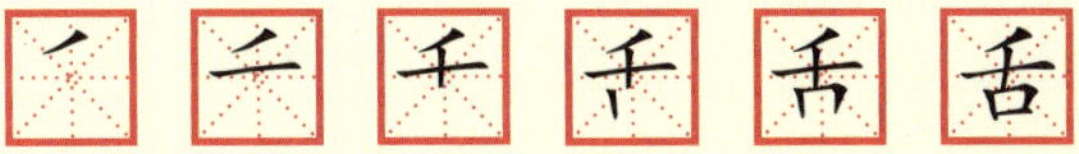

一字三变

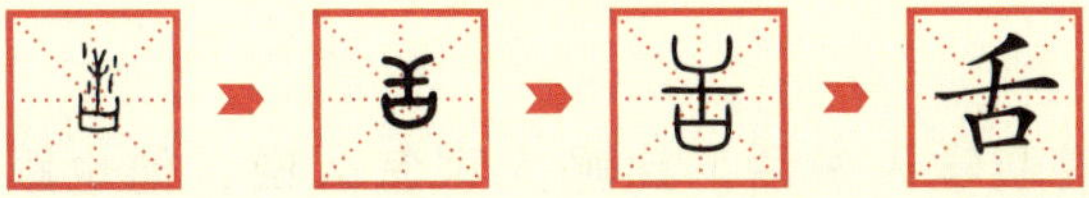

甲骨文 → 金文 → 小篆 → 楷书

本义：舌头。

甲骨文（口，口腔），表示口腔内的辨味器官。

《说文解字》："舌，塞口也，从口。"用以言说、辨味的器官。舌战指的就是语言辩论的代称：激烈议论。

语 yǔ

本义：语言，说话。

关联字

在现代汉语中，言语、语言等词语的构词都是同义语素并列，看不出"言"与"语"的区别，但在古代汉语中，这两个词的区别是很明显的，自我陈述是"言"，与别人谈论是"语"。《礼记·杂记下》"三年之丧，言而不语，对而不答"用的就是本义。

成语达人

油嘴滑舌　形容说话油滑,耍嘴皮子。

鹦鹉学舌　鹦鹉学人说话。比喻人家怎么说,他也跟着怎么说。

瞠目结舌　瞪着眼睛说不出话来,形容受窘或惊呆的样子。

诗意汉字

晓　鹤
唐·孟　郊

晓鹤弹古舌,婆罗门叫音。
应吹天上律,不使尘中寻。
虚空梦皆断,歘唏安能禁。
如开孤月口,似说明星心。
既非人间韵,枉作人间禽。
不如相将去,碧落窠巢深。

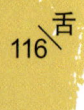

会唱歌的汉字

中医诊断舌头歌谣

舌之与苔　首须辨识
苔为苔垢　舌是本质
苔察气病　舌候血疾
阴阳表里　寒热虚实
邪气浅深　察苔可知
脏腑虚实　舌质可识
舌苔变化　各有分部
舌尖心肺　中央胃腑
舌根属肾　四畔脾土
舌之两旁　肝胆地步
另有一法　三脘分看
尖上根下　舌中中脘

字里乾坤

给字添或减一两笔看看　　舌　舌　舌

三寸不烂之舌

有一次，楚丞相宴请宾朋，张仪也在受邀之列。宴会之后楚丞相发现自己非常贵重的玉佩不见了。侍者说："一定是张仪偷的玉佩，他长得又小又黑，还特别穷。"楚丞相立即命令把张仪抓来，进行严刑拷打，并把他家抄个遍，也没找到丢的玉佩，由于没有证据证明玉佩是张仪偷的，最后只好把张仪无罪释放。张仪妻子看到他遍体鳞伤，伤心大哭。张仪说："你哭什么呀？现在最主要的是，看看我的舌头被打烂了没有？"妻子破涕为笑，说"你的舌头还在嘴里。"张仪说："只要舌头完好，那就没什么大事。"后来张仪投奔了秦国，凭借超人的才能和天下无敌的口才，帮助秦国统一了天下。

后人有"三寸不烂之舌"比喻凭借语言说服人。引申为巧舌如簧地说服人。

齿 chǐ

丨 ┝ ╞ 步 步 齿 齿

一字三变

甲骨文 → 金文 → 楷书

本义：牙齿。

一字多义

甲骨文齿字像口腔中上下相对的门牙。古人称口腔前部上下相对的两排咬嚼器官为"齿"，称口腔后部上下交错的咬嚼器官为"牙"。

齿轮：轮状的边缘像牙齿形的机械部件。齿轮虽小，但是作用巨大，一个机器里没有了齿轮，就会停止运转。

龄 líng

本义：年龄。

关联字

有志不在年高，无志空长百岁：有远大志向的人不在乎多大的年龄，心中没有志向和理想的人，即便是活到百岁也是白活。指年轻人只要有志向，不在年纪大小。

成语达人

唇亡齿寒　嘴唇没有了,牙齿就会觉得冷,比喻利害关系十分密切。

唇红齿白　嘴唇红,牙齿白,形容人容貌俊美。

诗意汉字

忆梦得

唐·白居易

齿发各蹉跎,疏慵与病和。
爱花心在否,见酒兴如何。
年长风情少,官高俗虑多。
几时红烛下,闻唱竹枝歌。

会唱歌的汉字

刷牙歌

张开我的小嘴巴

咕噜咕噜　吐出水

下面牙齿往上刷

上面牙齿往下刷

左刷刷　右刷刷

里里外外都刷刷

早晨刷　晚上刷

刷得干净没蛀牙

刷完牙齿笑哈哈

露出牙齿白花花

字里乾坤

给字添或减一两笔看看　齿　齿　齿

唇亡齿寒

唇亡齿寒，是一个汉语成语，意思是嘴唇没有了，牙齿就感到寒冷了。比喻双方息息相关，荣辱与共。

春秋时代，晋献公想要扩充自己的实力和地盘，就找借口说邻近的虢国经常侵犯晋国的边境，准备派兵灭虢国。可是在晋国和虢国之间隔着一个虞国，讨伐虢国必须经过虞地。"怎样才能顺利通过虞国呢？"晋献公问手下的大臣。大夫荀息说："虞国国君是个目光短浅、贪图小利的人，只要我们送他价值连城的美玉和宝马，他不会不答应借道的。"

晋献公一听有点舍不得，荀息看出了晋献公的心思，就说："虞虢两国是唇齿相依的近邻，虢国灭了，虞国也不能独存，您的美玉宝马不过是暂时存放在虞公那里罢了。"晋献公采纳了荀息的计策。虞国国君见到这两样珍贵的礼物，顿时心花怒放，听到荀息说要借道虞国之事时，当时就满口答应下来。虞国大夫宫之奇听说后，阻止道："不行，不行，虞国和虢国是唇齿相依的近邻，万一虢国灭了，我们虞国也就难保了。俗话说'唇亡齿寒'，没有嘴唇，牙齿也保不住啊！借道给晋国万万使不得。"虞公没有采纳宫之奇的意见。

果然，晋国军队借道虞国，消灭了虢国，随后又把亲自迎接晋军的虞公抓住，灭了虞国。

发 fà fā

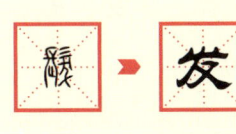

一 ナ 歺 发 发

一字三变

篆 → 发 → 发

小篆　隶书　楷书

本义：人的前额、双耳和头颈部以上生长的毛。

一字多义

身体发肤，受之父母，不敢毁伤，孝之始也。出自《孝经·开宗明义章》。

孔子对他的学生曾子说：我们的身体毛发皮肤是父母给的，我们必须珍惜它，爱护它，因为健康的身心是做人做事的最基本条件，所以珍惜它，爱护它就是行孝尽孝的开始。行孝尽孝的开始就是要孝顺父母，长大成人就要忠于国家，要对他人和社会有所贡献，能实现自己应有的人生价值。

发/123

鬓 bìn

本义：颊发，脸旁靠近耳朵的头发。

关联字

美鬓长大则贤。——《国语·晋语》

少小离家老大回，乡音无改鬓毛衰。——唐·贺知章《回乡偶书》

成语达人

身体发肤　身体发肤，本指身躯、四肢、须发、皮肤，后亦泛指自己身体的全部，自身。

千钧一发　一千钧重的东西系在一根头发上，比喻情况万分危急。

怒发冲冠　指愤怒得头发直竖，顶着帽子。形容极端愤怒。

诗意汉字

秋浦歌
唐·李　白

白发三千丈，
缘愁似个长。
不知明镜里，
何处得秋霜？

会唱歌的汉字

头 发

时光像一把梳子

梳过顺滑的头发

悄悄将黑发变白

就像记忆

由深刻变得模糊

它还会带下几根头发

就像秋天的落叶

谁还记得它们的归宿呢

在时光面前

每个人都是一根发丝

字里乾坤

给字添或减一两笔看看　发　发　发

一字一故事

曹操割发代首

一次曹操在征战的途中，命令军队不得践踏麦田，官兵都小心地经过麦田，没一个敢践踏麦子的。老百姓看见了，没有不称颂的。曹操骑马正在走路，忽然，田野里飞起一只鸟儿，惊吓了他的马。马蹿入田地，踏坏了一片麦田。于是，他就用剑割断自己的头发说："那么，我就割掉头发代替我的头吧。"曹操又派人传令三军：丞相践踏麦田，本该斩首示众，因为肩负重任，所以割掉头发替罪。

剪头发是件很正常的事，可是，古代人认为：头发是从父母那里继承来的，随便割掉不仅大逆不道，而且还是不孝的表现。

04
山水篇

峨嵋山下少人行,
旌旗无光日色薄。
蜀江水碧蜀山青,
圣主朝朝暮暮情。
——唐·白居易
《长恨歌》

山 shān

丨 山 山

一字三变

凹 → 山 → 山 → 山

甲骨文　金文　小篆　楷体

本义：1. 地面上由土石构成的隆起部分。
　　　2. 起伏叠嶂的峰岭。

一字多义

甲骨文山字像遥望中起伏连绵的群峰的线描，有三（众多）座峰头。金文写成剪影，楷体"山"是汉字的一个部首。

山川：山岳、江河。《易·坎》："天险，不可升也，地险，山川丘陵也，王公设险以守其国。"

岭 lǐng

本义：1. 山，山脉　2. 特指中国大庾岭等五岭。岭，山道也。——《说文新附》

关联字

引申义为 1. 顶上有路可通行的山，泛指山峰。如：予登岭上。
　　　　　　——清·全祖望《梅花岭记》

　　　　2. 相连的山，山脉。如：横看成岭侧成峰，远近高低各不同。
　　　　　　——宋·苏轼《题西林壁》

　　　　3. 高大的山脉；山脉的干系。如秦岭，大兴安岭。

成语达人

山清水秀　形容风景优美。

登泰山而小天下　孟子曰:"孔子登东山而小鲁,登泰山而小天下。"人的视点越高,视野就越宽广。随着视野的转换,人们对人生也会有新的领悟。

东山再起　指再度出任要职。也比喻失势之后又重新得势。

诗意汉字

望　岳

唐·杜　甫

岱宗夫如何?齐鲁青未了。
造化钟神秀,阴阳割昏晓。
荡胸生层云,决眦入归鸟。
会当凌绝顶,一览众山小。

会唱歌的汉字

静静的山

静静的山

要找鸟儿玩

鸟儿拒绝他

要找风儿聊天

风溜走了

只留下山

愣愣地站在那里

静静的山站着

云在他的头上玩捉迷藏

雨过来和他拉拉手

树叶为他唱唱歌

静静的山虽静

但是不寂寞

字里乾坤

给字添或减一两笔看看　山　山　山

一字一故事

五 岳

"岳"是指高峻的山。古人将位于中原地区的东、南、西、北方和中央的五座高山定为"五岳"。它们分别是：东岳泰山、西岳华山、北岳恒山、中岳嵩山、南岳衡山。五岳在古人心目中的地位是非常高的。

名列五岳之首的东岳泰山，位于山东省中部，主峰玉皇顶，高1 524米。山峰挺拔峻秀，雄伟壮丽，孔子曾经登上泰山发出感叹，"登泰山而小天下"；唐代诗人杜甫在登上泰山后写下"会当凌绝顶，一览众山小"的豪言壮语。

泰山已有25亿年的历史，是一个由断层上升而形成的断块山。在漫长的地质年代中，许多山峰都被侵蚀化为平地，而由坚硬的花岗岩、片麻岩组成的泰山，却仍巍然屹立在大地上，难怪人们要用"稳如泰山"来形容。基础的稳固，不可动摇。

小朋友，你去过哪些山呢？

峰 fēng

丨 丨 山 山 屮 屾 峃 峄 峰 峰

一字三变

金文大篆 → 小篆 → 楷体

本义：高而尖的山头。《说文新附》：峰，山端也。

形声。从山。其引申义为：1. 最高点；顶点。如主峰（山脉的最高峰）。2. 拔地而起的高山。如峰脚（山麓）。3. 突起。如驼峰。

高 gāo

本义：离地面远；从下向上距离大。

引申义：1. 高度，如他身高一米八。2. 等级在上的，如高级。

3. 在一般标准或平均程度之上，如高质量。

4. 声音响亮，如引吭高歌。

5. 敬辞，称别人的事物，如高见，高就，高寿。成语"高山仰止"指品德崇高的人，就会有人敬仰他。后比喻对有气质、有修养或有崇高品德之人的崇敬、仰慕之情。

成语达人

峰回路转 峰回路转，形容山峰、道路曲折迂回。比喻事情经历挫折、失败后，出现新的转机。也指转折点。

登峰造极 登：上；峰：山顶；造：达到；极：最高点。攀登到山峰的顶点。比喻学问、成就等达到了最高的境地。也比喻干坏事猖狂到了极点。

诗意汉字

题西林壁

宋·苏　轼

横看成岭侧成峰，
远近高低各不同。
不识庐山真面目，
只缘身在此山中。

会唱歌的汉字

山　峰

最初的鸟声已被覆盖

从模糊的轮廓中

看到树木的根系

刚刚蹿出地面

寻找长成树的机会

山峰提升万物到云的高度

载得动的飞成羽毛

载不动的落在地面

融入花朵或草木

大地本身就是翅膀

古老的陪衬

山峰越走越远

字里乾坤

给字添或减一两笔看看　峰　峰　峰

一字一故事

自私的羚羊

有一座山峰，高耸入云，非常险峻，生活在山脚下的动物们都想爬上这座高峰，可是很多攀登者都以失败告终。有一只坚强的羚羊下定决心，历尽千辛万苦，终于登上了最高峰。站在高峰上，羚羊自豪极了，他是第一个登上高峰的动物，将永远载入动物史册。

突然，羚羊想到：如果再有别的动物爬上这座高峰，出现第二个、第三个……我的地位不就要受到威胁吗？想到这里，羚羊用尖锐的角把刚才攀山时的垫脚石全挑下了山崖，使四周变得光秃秃。看到动物们再也爬不上来了，羚羊得意地笑了："哈哈，我将永远是天下第一！"从此，再也没有别的动物攀上这座高峰了，不过，这只第一个攀上山峰的羚羊待在孤峰上，再也没有下来。

水 shuǐ

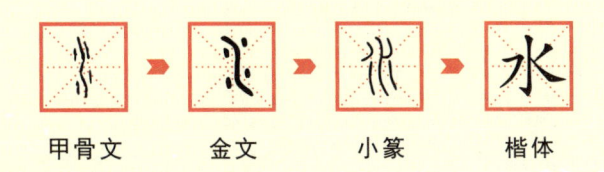

丨 オ 가 水

一字三变

甲骨文 → 金文 → 小篆 → 楷体

本义：以雨的形式从云端降下的液体，无色无味且透明，形成河流、湖泊和海洋。

一字多义

甲骨文水字形，中间像水脉，两旁似流水。"水"是汉字的一个部首。从水的字，或表示江河或水利名称，或表示水的流动，或水的性质状态。

中国古人根据水的特征，赋予水一定的内涵，比如：水无形，所以能"君子不器"；水不择细流污流，所以能浩瀚成海；水之恒可以滴水穿石；水至柔，所以抽刀难断；水能聚势，所以有"高峡出平湖"，有一泻千里的浩浩荡荡。

流 liú

本义：水流动。

关联字

引申义为 1. 液体流动，如流汗； 2. 像水那样流动不定，如流通；

3. 传播，如流言； 4. 指江河的流水，如河流；

5. 像水流的东西，如气流。

成语达人

山穷水尽　比喻山和水都到了尽头，无路可走了。"穷"字是尽头的意思。

如鱼得水　好像鱼儿得到了水一样，鱼儿得到了水会怎样呢？开心！活跃！比喻有所凭借，找到了依靠，指对自己很合适的环境。

水落石出　水落石出，指潮水退下去，水底的石头就露出来。原指一种自然景象，后多比喻事情终于真相大白。

诗意汉字

忆江南
唐·白居易

江南好，
风景旧曾谙。
日出江花红胜火，
春来江水绿如蓝。
能不忆江南？

会唱歌的汉字

水

水像温柔的母亲
孕育着一个个国家和民族

水像羞涩的少女
诉说着一件件心事

水像深厚的爱
抚慰一颗颗受伤的心灵

水像慈爱的老师
教导我们一个个大自然的哲理

水像收购站
包容忍受一切

水像精灵
给大地带来生机

字里乾坤

给字添或减一两笔看看　水　水　水

大禹治水

三皇五帝时期，黄河流域水患严重，每逢秋收时节，一场黄河泛滥便会导致地里的庄稼颗粒无收，大量种植田被荒弃为废田。整治黄河水灾问题成为统治者的头等大事。

相传大禹的父亲是鲧，尧在位时任用他来治水，但是他采取的是最传统的方法"堵"，历时九年也没有解决水患。舜即位后，启用大禹来治水。

大禹总结了父亲治水失败的教训，认为光靠"堵"是不能解决问题的，他采用"疏"的方法，通过疏导，水患减少了很多，他曾将东海的水引入蛮荒之地，将荒地变为良田，造福了一方的百姓。大禹有责任心，对待工作全力以赴，结婚四天就离家投入到治水中去，一走十三年。据记载，在这期间，他曾经有三次路过自己的家，但是因为公事繁忙，而没有踏进家门，连儿子出生也没有顾得上看一眼。

大禹之所以能被历史记住这么久，不仅仅是因为他给后世留下了治水的方法，更是因为他一心为民的心。

川 chuān

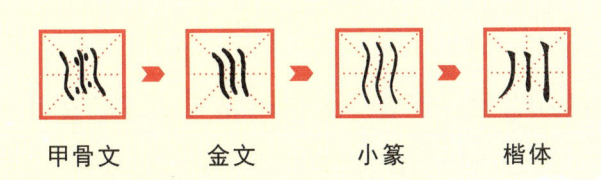

丿 丨丨 川

一字三变

甲骨文 → 金文 → 小篆 → 楷体

一字多义

本义：河流。《说文解字》："川，贯川通流水也。"

甲骨文川字形，左右是岸，中间是流水，像河流形状。

引申义为 1. 河流，如名山大川；
2. 平原，平地，如平川；
3. 旅费，如川资。

河 hé

关联字

本义：黄河。形声。从水，可声。

引申义为：1. 水道的通称，如河道；
2. 特指中国黄河；
3. 指"银河系"，如天河。

成语达人

虎落平川 比喻有权有势或有实力者失去了自己的权势或优势。

海纳百川 纳：容纳，包容。大海可以容得下成百上千条江河之水。比喻包容的东西非常广泛，而且数量很大。

一马平川 平川：地势平坦的地方。能够纵马疾驰的一片广阔平地。指广阔的平原。

诗意汉字

乡村四月

宋·翁 卷

绿遍山原白满川，
子规声里雨如烟。
乡村四月闲人少，
才了蚕桑又插田。

会唱歌的汉字

小河流过我门前

小河流过我门前
我请小河停一停
小河摇头不答应
急急忙忙去发电
小河流过我门前
我请小河玩一玩
小河摇头不答应
急急忙忙去浇田

字里乾坤

给字添或减一两笔看看　川　川　川

一字一故事

子在川上曰："逝者如斯夫，不舍昼夜。"

孔子在河岸上看着浩浩荡荡、汹涌向前的河水说："逝者如斯夫，不舍昼夜"。意思是：时间就像这奔流的河水一样，不论白天黑夜不停地流逝。指时间过得很快，如白驹过隙一样。所以我们少年人，应该好好把握大好时光，认真读书，报答父母和报效祖国。

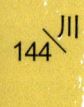

岸 àn

一字三变：岸（小篆） ▶ 岸（楷体）

本义：比喻耸立在河川边上的石崖，即"河岸"。

形声，从山。引申义为 1. 泛指靠近水边的陆地，如岸边。

2. 比喻高位，如：诞先登于岸（诞：发语词，无义）——《诗·大雅·皇矣》

3. 高傲，宋·黄庭坚《定风波》："莫笑老翁犹气岸。"

4. 高大的，伟大的《汉书·江充传》："充为人魁岸，容貌甚壮。"

崖 yá

本义：耸立岩壁之上的悬崖。

引申义为：1. 高地的边，陡立的山边，如山崖；2. 边际，如崖略。

成语达人

隔岸观火 隔着河看失火。比喻置身事外，采取袖手旁观的态度。

回头是岸 回头：指改错。佛学有"苦海无边，回头是岸"之语，佛家语，人只要回心转意，痛改前非，就可往生净土。后比喻做坏事的人，只要决心悔改，就有出路。

诗意汉字

赠汪伦

唐·李 白

李白乘舟将欲行，
忽闻岸上踏歌声。
桃花潭水深千尺，
不及汪伦送我情。

会唱歌的汉字

我愿是堤岸

我愿是一株小草

在祖国的草原上成长

我愿是一朵鲜花

在祖国的花园里盛开

我愿是一棵大树

在祖国的森林里站岗

我愿是一条小鱼

在祖国的海洋里遨游

我愿是一只小鸟

在祖国的天空中飞翔

我愿是一首童谣

在祖国的大地上飞扬

我愿是一个堤岸

在祖国的河边挺立

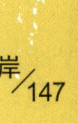

字里乾坤

给字添或减一两笔看看　　岸　岸　岸

隔岸观火

隔岸观火是一个成语，意思是隔着河看人家着火。比喻对别人的危难不去救助，在一旁看热闹。

公元前342年，魏国军队进犯韩国的国都。韩昭侯见魏军来势凶猛，难以抵挡，便派使者到齐国请求救兵。

齐威王召集群臣商议。大家议论纷纷，只有孙膑不发一言。齐威王问计于孙膑，孙膑说："魏国自恃强大，前伐赵，今伐韩，后恐犯齐国。若不救韩，等弃韩，喂肥魏，故不可不救。然魏刚攻打韩，军队士气正旺，韩实力尚未受挫，此时出兵救韩，等同让其坐享其成，使齐国遭兵难，故立马出兵救韩亦非良策。"齐威王又问："那当如何？"孙膑回答说："可先答应韩要求，等其奋力抵抗魏军。我们则隔岸观火，等到两军精疲力竭之时，齐国再出兵攻打魏。此可两全其美，何乐而不为呢？"

齐威王闻言大喜，采纳了孙膑的建议。

井 jǐng

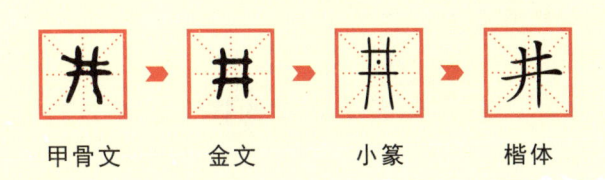

一 二 丯 井

一字三变

甲骨文 → 金文 → 小篆 → 楷体

一字多义

本义：水井，人工开凿的提取地下水的地面水坑。

甲骨文的"井"像两纵两横构成的方形框架，表示人工开凿的提取地下水、有方形护栏的水。井田，《孟子·滕文公上》："六里而井，井九百亩，其中为公田，八家皆私百亩，同养公田。"

阱 jǐng

关联字

本义：名词，在山野地面挖设的捕兽陷坑。

表示与地形地势的高低上下有关，井声。

引申义为：1. 比喻害人的圈套，如：这是敌人设置的一个阱。

2. 在地下掘的用来囚拘人的地方。如：阱房（地牢；牢房）；阱室（地牢）。

成语达人

坐井观天　比喻眼界小，见识少。

井井有条　井井：形容整齐有条理的样子。井井有条，形容条理分明，整齐不乱。含褒义，说话办事有条有理。

背井离乡　在古代，井与人的生活息息相关，井成为家宅、乡里的指代。背井离乡即指离开家乡外出谋生。

诗意汉字

后园凿井歌

唐·李贺

井上辘轳床上转。

水声繁，弦声浅。

情若何，荀奉倩。

城头日，长向城头住。

一日作千年，不须流下去。

会唱歌的汉字

天井结莲子

响当当

响当当

我家天井四角方

四角方

四角方

里面有个荷花缸

荷花结莲子

上面落凤凰

字里乾坤

给字添或减一两笔看看　井　井　井

挖井得人的故事

传说宋国有一个丁姓的人家，因为家里没有水井，每天都需要派一个人外出去打水。后来丁家开凿了一口水井，丁家父亲高兴得逢人就说："我家挖井得到一个人。"有人听到后便传言出去：说"丁氏挖井得一人"。宋国人把这看作奇闻，人人相告，四处宣传。这传言竟然传到了国王的耳朵里，国王听了大为惊奇，便派人将丁氏找来询问究竟，丁氏回答道："我家挖了一口井，等于得到一个劳动力，因此再也不需要专门派人外出打水，并不是在井里得到一个人。"

国王听了哈哈大笑起来。

小朋友，你知道家里用的水是从哪里来的吗？

quán 泉

丿 亻 白 白 白 泉 泉 泉

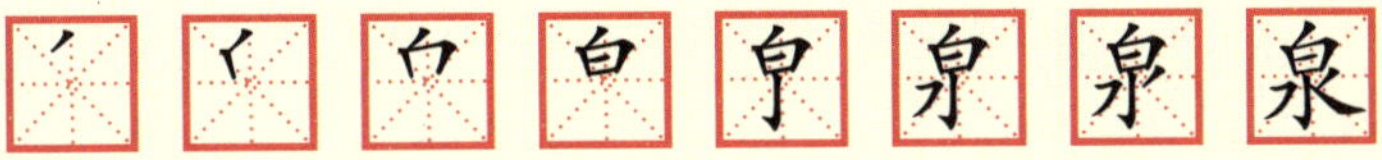

一字三变

甲骨文 → 小篆 → 楷体

一字多义

本义：出水的石洞，水流的源头。

象形。甲骨文字形，像水从山崖泉穴中流出的样子。

《说文解字》："泉，水原也。"像水流出成川形。字亦作洤。源泉：有源头的水，《孟子·离娄下》："源泉混混，不舍昼夜。"泉涌：泉水喷涌。比喻事物源源不断。

溪 xī

关联字

本义：山间石壁或沙床上"嘻嘻"流淌的水流。

在古代，水流的源头叫"泉"；石壁上飞溅的山泉叫"氺"；由山泉汇成的水叫"涧"；山涧在山脚汇成的清流叫"溪"；众多小溪汇成的水流叫"川"；众多川流汇成的大川叫"河"，最大的河叫"江"。

成语达人

泪如泉涌　眼泪像泉水一样直往外涌。形容悲痛或害怕至极。

含笑九泉　九泉：地下深处，旧指人死之后埋葬的地方。也作"黄泉"。在九泉之下满含笑容。表示死后也感到欣慰和高兴。

文思泉涌　思路像泉水一样涌出来，形容思路开阔敏捷。

诗意汉字

小　池
宋·杨万里

泉眼无声惜细流，
树阴照水爱晴柔。
小荷才露尖尖角，
早有蜻蜓立上头。

会唱歌的汉字

泉水唱歌大山听

小泉水

叮叮叮

一滴泉水一个音

泉水唱歌大山听

听得满山草青青

小泉水

咚咚咚

一掬泉水一个音

泉水唱歌大山听

听得满山花艳艳

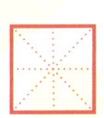

泉/155

字里乾坤

给字添或减一两笔看看　泉　泉　泉

一字一故事

让 泉

安徽省滁州市琅琊山，有一处泉水，它掩藏在醉翁亭前左侧的山溪壁角，泉水汩汩流出，泻入山溪。泉眼边竖着一块碑石，上面刻着"让泉"二字。游客们来到这里，都想喝上一口泉水，然而一看见"让泉"二字，就会相互礼让，从来没有听说有为争水而发生矛盾纠纷的事情，大家虽然都是凡夫俗子，但都颇有君子风度。因此，"让泉"成为当地一道亮丽的风景。

"让泉"的名字是出自北宋欧阳修名篇《醉翁亭记》，在文中欧阳修写道："山行六七里，渐闻水声潺潺而泻出于两峰之间者，让泉也。"

原来，这泉水是两座山峰互相退让而得来的，这是欧阳修对大自然景观的个人解读，非常生动有趣，仿佛让我们看到了两位谦谦君子，各自退后拱手问礼，泉水便从两峰之间汩汩流出了。

石 shí

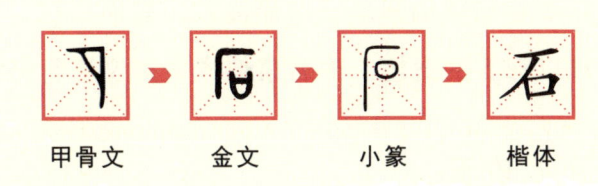

一 丆 ォ 石 石

一字三变

丆 ▸ 石 ▸ 石 ▸ 石

甲骨文　金文　小篆　楷体

一字多义

本义：坚硬的矿物质，山岩，岩块。

甲骨文由像悬崖的"厂"和像岩块的"口"组成，表示坚硬的矿物质，山岩，岩块。《说文解字》："石，山石也。在厂之下，口象形。"

岩 yán

关联字

本义：高峻的山崖。

岩画是指古人在岩石上磨刻和涂画，来描绘人类的生活，以及他们的想象和愿望。岩画中的各种图像，构成了文字发明以前，原始人类最早的"文献"。

成语达人

石破天惊　原形容箜篌的声音，忽而高亢，忽而低沉，出人意料，有难以形容的奇境。形容事情或文章议论新奇惊人。

他山之石，可以攻玉
　　别的山上的石头，能够用来琢磨玉器。原比喻别国的贤才可为本国效力。后比喻能帮助自己改正缺点的人或意见。

诗意汉字

山　行

唐·杜　牧

远上寒山石径斜，
白云生处有人家。
停车坐爱枫林晚，
霜叶红于二月花。

会唱歌的汉字

拣石头

小妞妞，小扣扣
跑到河边拣石头
枝下扒
根旁抠
一粒一粒放进篓
风打来
霜咬手
拣呀拣呀
拣不够
小石头
哪能丢
一颗石头一颗星

字里乾坤

给字添或减一两笔看看　　石　石　石

女娲补天石

传说天地开辟之初,洪水泛滥,大火蔓延,万物陷入灾难之中。

女娲不忍生灵受灾,决心炼石补天。女娲遍历群山,选择了天台山。这里山高顶阔,水足石多,是炼石的理想地方。

女娲在天台山上炼了整整四年时间,一共炼成了 36501 块巨石,每块巨石都是厚 12 丈、宽 24 丈。最后,众神仙和众将官帮着女娲一起补天,用了 36500 块巨石。

传说中剩下的这块补天石,在民间又引发了许多传说故事。比如,在曹雪芹的小说《红楼梦》中,含着玉出生的宝玉,他的前世便是留在青埂峰下的补天石。

tián

田

丨 冂 冄 用 田

一字三变

甲骨文 → 金文 → 小篆 → 楷体

本义：阡陌纵横的农耕之地。

甲骨文的"田"像一块田地画上纵横交错的田埂，表示田是阡陌纵横的农耕之地。引申义为一块蕴藏、出产或生产一种自然资源的土地。如：油田。

dào

稻

本义：一种一年生的草本植物，在温暖气候下广泛栽培，种子用作人类主食，谷壳和其他副产品可饲养家畜，稻秆用来造纸。

分水稻和旱稻，通常指水稻。子实叫谷子，碾制去壳后叫大米。有糯稻、粳稻、籼稻之分。古以黏者为糯，不黏者为籼。

成语达人

蓝田生玉 蓝田：地名，在陕西省，古时蓝田出产美玉。旧时比喻贤父生贤子，现比喻名门出贤子弟。

沧海桑田 桑田：农田。大海变成桑田，桑田变成大海。比喻世事变化很大。

解甲归田 解：脱下；甲：古代将士打仗时穿的战服。脱下军装，回家种地。指战士退伍还乡。

诗意汉字

悯 农

唐·李 绅

春种一粒粟，秋收万颗子。
四海无闲田，农夫犹饿死。

会唱歌的汉字

田 野

太阳金色的芒

刺在你黝黑的脊梁上

你和你的儿孙们

浸泡在收获的田里

滴滴滚落的汗珠

像成熟的麦粒一样饱满

好庄稼扇面一样伏下

麦个儿又翻身站起

田头马车上

收获季的农人啊

拖着沉重而满足的双腿

走在回家的路上

字里乾坤

给字添或减一两笔看看　田　田　田

一字一故事

懒人种田

从前，有个懒人想学种田，就租了一块地，等到田地里长满了草，有人告诉他要赶紧除草。"到了秋天，草枯萎后，还不是一把火的事？"懒人自己说道。又过了些天，有人告诉他："你田里有牛。""牛吃草，这不是很好吗？省得到时候放火。"懒人心里盘算道。等到来年，乡里人都忙着耕田准备播种，懒人前去一看，自己田里草倒是没有了，全是牛蹄印，土壤结实得比生铁还硬。"等来年灌些水就好了。"懒人自我安慰道。最后，这块田地一点粮食都没有长出来，成了一块荒地。

收获来自勤劳，懒惰只能一事无成。

土 tǔ

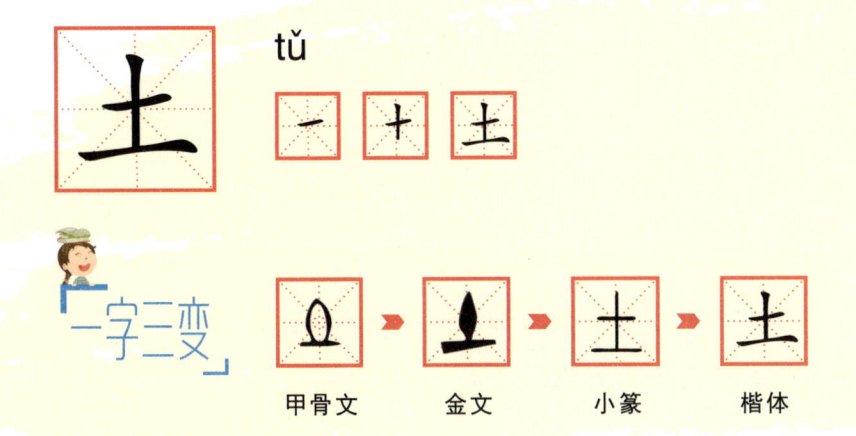

一 十 土

一字三变

甲骨文 → 金文 → 小篆 → 楷体

一字多义

本义：地面上的泥沙混合物。如土壤、泥土。

一方水土养一方人，人土之间的关系密切相联，指乡里、本地的意思，比如故土、乡土。引申出本土、国土、疆土、寸土必争。由乡土引申出民间的意思，如土纸、土专家、土芭蕾。也指民间的东西粗俗，不合潮流，如土里土气。

沙 shā

关联字

本义：非常细碎的石粒。

《说文解字》："水少沙见。"金文字形，左边是水，右边"少"象沙粒形。引申义为像沙的东西，如沙糖。或声音不清脆不响亮，如沙哑。

成语达人

皇天后土　皇天：古代指天，天帝。后土：古代指地，土神。皇天后土即指天地或天地神灵的总称。指天地。古人认为天地能主持公道，主宰万物。

安土重迁　安：习惯于；满意于；重：重视；不轻易。安于故土生活，不愿轻易迁居异地。

积土成山　累土可以堆成山，比喻积少成多。

诗意汉字

悯　农

唐·李　绅

锄禾日当午，
汗滴禾下土。
谁知盘中餐，
粒粒皆辛苦。

会唱歌的汉字

土地的记忆

对童年的记忆

一直没忘那片沙土地

母亲一边平整土地

一边忙活拔秧再去栽插

她不会忽略我们这些孩子

在伸腰间隙

一手指着天上火烧的太阳

一手招呼我们快去学堂

字里乾坤

给字添或减一两笔看看　土　土　土

黑土地红土地黄土地

黑土地是大自然给予人类的得天独厚的宝藏，是最珍贵的土地资源，非常适合植物生长的土壤，人们用"一两土二两油"来形容它的肥沃与珍贵。

目前地球上仅有三大块黑土区。一块在我国东北松辽流域的黑土区，被称为我国的粮食基地"北大仓"，每年生产约225—250亿吨粮食。此外还有两块分布在乌克兰大平原和北美洲的密西西比河流域。

在我们国家广袤的大地上，除了黑土地，还有红土地、黄土地。红土地是指红色土壤的土地，主要分布在长江以南的低山丘陵区，包括：江西、湖南两省的大部分，云南、湖北、广东、福建等地。黄土地以黄河中游最集中，包括山西、陕西、甘肃东南部和河南西部等地区。

05 动物篇

枯藤老树昏鸦，
小桥流水人家，
古道西风瘦马。
夕阳西下，
断肠人在天涯。
——元·马致远
《天净沙·秋思》

龙 lóng

一 ナ 尢 龙 龙

一字三变

甲骨文 → 小篆 → 楷体

本义：古代传说中一种有鳞有须能兴云作雨的神异动物。

甲骨文的"龙"像一条戴着王冠，长着嘴巴的蛇，象征着龙是蛇的王，代表了龙在动物界的地位。封建时代用龙作为皇帝的象征，龙可比作正义的象征，引申为不凡之士，豪杰之士。也比喻骏马。如《周礼·夏官》："马八尺以上为龙。"

凤 fèng

本义：凤凰。中国古代传说中的百鸟之王。常用来象征祥瑞，雄的叫凤，雌的叫凰。

《说文解字》："凤，神鸟也。"古时比喻有圣德的人，如：凤穴（比喻文才荟萃的地方）。也可作乐器，音律。如：凤吹（指笛、笙、箫一类的管乐器）。

成语达人

龙生九子　古代传说，龙生有九子，九子不成龙，各有所好。比喻同胞兄弟品质、爱好各不相同。

望子成龙　希望自己的子女能在学业和事业上有成就。

鱼龙混杂　比喻坏人和好人混在一起。

蛟龙戏水　比喻刀枪棍棒等武器使得轻松自如，灵活多变。形容武艺精湛纯熟。

诗意汉字

龙　移

唐·韩　愈

天昏地黑蛟龙移，
雷惊电激雄雌随。
清泉百丈化为土，
鱼鳖枯死吁可悲。

会唱歌的汉字

龙的传人

遥远的东方有一条江
它的名字就叫长江
遥远的东方有一条河
它的名字就叫黄河
古老的东方有一条龙
它的名字就叫中国
古老的东方有一群人
他们全都是龙的传人

字里乾坤

给字添或减一两笔看看　龙　龙　龙

潜龙勿用和飞龙在天

龙是中国古代神话传说中的神异生物，它和凤凰、麒麟等一样，并不存在于真实世界，它们被称为祥瑞之物。

龙是中华民族的图腾，它是由许多不同的图腾糅合成的一种综合体，比如龙头似驼，龙角似鹿，龙眼似兔，龙耳似牛，龙项似蛇，龙腹似蜃，龙鳞似鲤，龙爪似鹰，龙掌似虎。

中国人尤其是在海外的华人，大家都认为自己是龙的传人。

在《周易》第一卦乾卦中说到"潜龙勿用""飞龙在天"。

什么是潜龙勿用呢？就是蓄势待发，在事情的准备阶段潜心积蓄力量，不要随意消耗精力浪费时间。小朋友正处在人生的学习时期，正是一条潜龙，我们要认真学习各种知识，为将来可以更好地服务社会打下坚实的基础。等到那一天，潜龙变飞龙，就可以一飞冲天，大展宏图了。

马 mǎ

乛 马 马

一字三变

甲骨文 → 小篆 → 楷体

本义：食草大型哺乳动物。

一字多义

甲骨文马字形是长脸、大眼、鬃毛飞扬、长尾有蹄的动物形象。史前即为人类所驯化，用作驮畜、挽畜和乘骑；它和其他现存的马属和马科动物的区别是尾毛和鬃毛长，后腿飞节内下方有一块胼胝。

驹 jū

本义：两岁以下的马。

关联字

指少壮的骏马，有时用以比喻少年英俊的人，如千里驹。用以形容时间过得很快，就像骏马在缝隙前一掠而过，如白驹过隙。或指小马，又指小驴、小骡，如马驹子，驴驹子。

成语达人

马到成功　形容事情顺利，刚开始就取得成功。

君子一言，驷马难追

　　驷马：指古代用四匹马拉的车子。一言既出驷马难追，表示说话算数，不能反悔。

塞翁失马　焉知非福

　　翁：老人。比喻一时虽然受到损失，也许反而因此能得到好处。指坏事在一定条件下可变为好事。

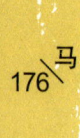

诗意汉字

天净沙·秋思
元·马致远

枯藤老树昏鸦，
小桥流水人家，
古道西风瘦马。
夕阳西下，
断肠人在天涯。

会唱歌的汉字

小小马二郎

小小马二郎

骑马进学堂

先生嫌我年纪小

小小肚内有文章

牛吃田中草

马吃路边秧

学生来得早

早早放还乡

字里乾坤

给字添或减一两笔看看　马　马　马

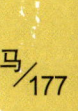

一字一故事

伯乐相马

传说中，天上管理马匹的神仙叫伯乐。在人间，人们把精于鉴别马匹优劣的人，也称为伯乐。

春秋时代的孙阳，因为对马的研究非常出色，人们便忘记了他本来的名字，称他为伯乐。

楚王想要一匹能日行千里的骏马。这个任务交给了伯乐。伯乐四处寻找。一天，伯乐在路上看到一匹马拉着盐车，很吃力地在陡坡上行进，呼呼地喘着粗气。伯乐走到马跟前。马见伯乐走近，突然昂起头来瞪大眼睛，大声嘶鸣，好像在说着什么。伯乐立即从声音中判断出，这是一匹难得的骏马。

伯乐对驾车的人说："你的这匹马，如果是在疆场上驰骋，任何马都比不过它，但是用来拉车，它却不如普通的马。你还是把它卖给我吧。"

驾车人认为自己的这匹马很普通，拉车没气力，吃得又多，全身骨瘦如柴，所以毫不犹豫地同意了伯乐的建议。伯乐牵着千里马，直奔楚国，献给楚王。楚王见马瘦得不成样子，很不高兴，说："这马连走路都很困难，能上战场吗？"

伯乐说："这确实是匹千里马，现在看起来很瘦，只要精心喂养，不出半个月，一定会恢复体力。"楚王将信将疑，命马夫尽心尽力把马喂好。果然，很快马就变得精壮神骏。楚王跨马扬鞭，只觉得两耳生风，一转眼的功夫，马就跑出百里之外了。千里马为楚王驰骋沙场，立下不少功劳。楚王对伯乐更加敬重。

后人有话说"千里马常有而伯乐不常有"。比喻有慧眼识别人才的人更难得。

yáng

羊

丶 丷 丷 丷 兰 羊

一字三变

丫 → 羊 → 羊 → 羊

甲骨文　金文　小篆　楷体

本义：一种哺乳动物，反刍类，以食草为生。一般头上有一对角，有许多品种。

一字多义

甲骨文的"羊"的上部像一只羊角，下部像两鼻孔在鼻尖上形成"V"形，形象地画出了羊是一种有着弯角的，鼻尖成 V 形的食草动物。羊为十二生肖之一，与十二地支的未相配。引申意为吉利，后作"祥"。也作细密、完备的意思，后作"详"。

shàn

善

本义：表示好的、吉祥的。

关联字

常引申为心地仁爱，品质淳厚，如善良。也作办好、弄好的意思，如善后。又意为擅长，如多谋善断。或指容易、易于，如善变。

成语达人

顺手牵羊　指顺手把人家的羊牵走。比喻趁势将敌手捉住或乘机利用别人。现比喻乘机拿走别人的东西。

亡羊补牢　等到羊被狼叼走了，再去修补羊圈，还不算晚。比喻出了问题以后想办法补救，可以防止继续受损失。

羊羔跪乳　羊羔有跪下接受母乳的感恩举动，做子女的更要懂得孝顺父母。

诗意汉字

敕勒歌

敕勒川，
阴山下。
天似穹庐，
笼盖四野。
天苍苍，
野茫茫，
风吹草低见牛羊。

会唱歌的汉字

小羊小

小羊小

吃青草

吃了青草长羊毛

羊毛白，羊毛长

暖暖和和披身上

字里乾坤

给字添或减一两笔看看　羊　羊　羊

五羊的传说

位于我国东南沿海的广州，也称"五羊城"。在民间有关于五羊城由来的传说。

传说古时候的广州，海天茫茫，遍地荒芜，又逢天灾连连，农业失收，民不聊生。一天，在南海的天空上忽然仙乐缭绕，柔美悠扬。随后出现了五朵彩色祥云，云头上有五位仙人，他们身穿五色彩衣，分别骑着五色仙羊。每只羊都口衔着一株稻穗。仙人们把稻穗赠给了广州人，并祝愿此处五谷丰登，永无饥荒。随后仙人驾着彩云腾空飞去。五只仙羊因依恋人间，化为石头留了下来，并一直保佑着广州风调雨顺。从此，广州便成了岭南最富庶的地方。

这就是广州"五羊城""羊城"和"穗城"名称的由来。

牛 niú

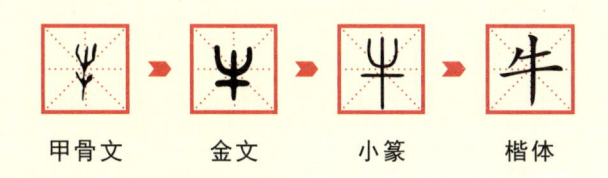

丿 𠂉 二 牛

一字三变

甲骨文 → 金文 → 小篆 → 楷体

本义：哺乳动物，体型粗壮，角中空，力大，能耕田、拉车。

一字多义

甲骨文的牛像动物头部的线描，突出了鼻孔在鼻尖上形成"V"字形状，以及向两侧弧形伸出的一对尖角。牛能够吃苦耐劳，不达目的不回头，人们常说牛脾气，即指固执。牛做事勤恳，性情温和，也可引申为比喻一个人勤劳本分，任劳任怨。

牢 láo
本义：关养牛马等牲畜的圈。

关联字

指养牲畜的圈（juàn），如虎牢。也指监禁犯人的地方，如监牢。或指结实、坚固，如牢固。

成语达人

老牛舐犊　舐：舔；犊：小牛。老牛舔小牛。比喻父母疼爱子女。

对牛弹琴　讥笑听话的人不懂对方说得是什么。用以讥笑说话的人不看对象。

风马牛不相及　比喻事物彼此毫不相干。

诗意汉字

迢迢牵牛星

汉·佚 名

迢迢牵牛星，皎皎河汉女。
纤纤擢素手，札札弄机杼。
终日不成章，泣涕零如雨；
河汉清且浅，相去复几许！
盈盈一水间，脉脉不得语。

会唱歌的汉字

山上一头牛

高高山上一头牛

两个犄角一个头

四个蹄子分八瓣

尾巴长在身后头

字里乾坤

给字添或减一两笔看看   牛 牛 牛

牛郎织女的故事

牛郎织女是中国古代著名的民间爱情故事。

传说牛郎是一个孤儿，靠一头老牛耕田养活自己。有一天，天上的织女和诸仙女下凡嬉戏，在河里洗澡，老牛忽然张口说话，劝牛郎去相见，并且告诉牛郎如果天亮之前仙女们回不去就只能留在凡间了，于是牛郎来到河边，他发现七个仙女中最小的仙女最漂亮，顿生爱意，于是他悄悄拿走了小仙女的羽衣。仙女们准备返回天庭的时候，小仙女发现自己的衣服不见了，只能留下来，牛郎在此时出来，和小仙女制造了邂逅。之后，他们相爱了，小仙女嫁给了牛郎，他们男耕女织，生儿育女，生活美满幸福。天帝得知此事，命令王母娘娘押解织女回天庭受审。织女被迫离开，老牛不忍看到他们妻离子散，于是触断头上的角，变成一只小船，让牛郎挑着儿女乘船追赶。眼看就要追上织女了，王母娘娘拔下头上的金钗，在天空划出了一条波涛滚滚的银河。牛郎无法过河，只能在河边与织女遥望对泣。他们的爱情感动了喜鹊，无数喜鹊飞来，用身体搭成一道跨越天河的彩桥，让牛郎织女在天河上相会。天帝无奈，只好允许牛郎织女每年的七月七日这一天，在鹊桥上会面。从此以后每年的七月七日就成了牛郎织女见面的日子。

在民间每年七月初七便是七夕节。也被称为中国的情人节。

xiàng 象

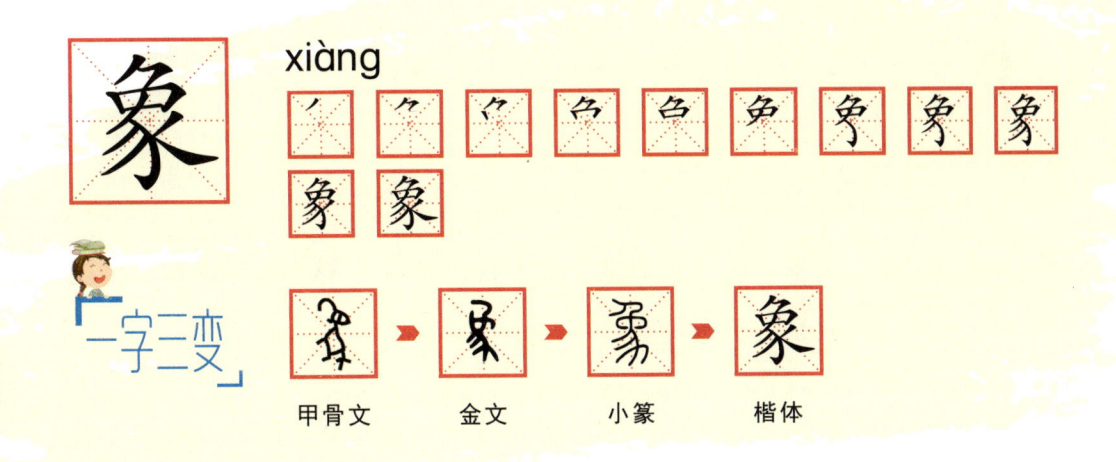

甲骨文 → 金文 → 小篆 → 楷体

一字三变

一字多义

本义：哺乳动物，是目前地球陆地上最大的哺乳类动物，门牙极长。

象形。甲骨文字形，突出其长鼻。引申指人的外貌。《尚书·尧典》："象恭滔天。"或指象征。韩愈《为宰相贺白龟状》："白者西方之色，刑戮之象也。"也作形状，样子，景象。或指道理。《老子》第三十五章："执大象，天下往。"也可作效法之意。如《墨子·辞过》："人君为饮食为此，故左右象之。"

像 xiàng

本义：相貌相似。

关联字

引申为立像或比照人物形象绘画或雕塑图像。

成语达人

包罗万象 包罗：包括；万象：各方面的情况。形容内容丰富、情况复杂，应有尽有。

气象万千 气象：情景。形容景象或事物壮丽而多变化。

人心不足蛇吞象 指人贪心不足，就会被自己的欲望所害。作为劝世格言，劝人知足常乐，守本分。我们应该自律和自我节制，不做得寸进尺、损人利己、伤天害理的事。

诗意汉字

大象吟
宋·邵　雍

大象自中虚，中虚真不渝。
施为心事业，应对口功夫。
伎俩千般有，忧愁一点无。
人能知此理，胜读五车书。

会唱歌的汉字

大　象

大象大象，鼻子长长

用它吸水，用它抓糖

会做游戏，能抓痒痒

大象大象，鼻子长长

我们唱歌，它打拍子

我们集合，它摇铃铛

字里乾坤

给字添或减一两笔看看　　象　象　象

盲人摸象的故事

有几位盲人来到动物园,他们围着一头大象。旁边有人问他们:"你们知道大象是什么样子吗?"摸到象耳朵的盲人说:"大象同簸箕一样";摸到象腿的盲人说:"你说的不对,大象和柱子一样";摸到象背的瞎子大声说:"你们俩都错了,大象好似一张床";第四位摸到象牙的盲人说:"别吵了,你们三个人都弄错了,大象就像一根大萝卜。"

旁边问话的人哈哈大笑起来。告诉盲人大象的真实样子,原来他们错把自己摸到的某一个部分误认为是象的整个身体。

guī

龟

丿 𠂎 㸚 龟 龟 龟 龟

一字三变

甲骨文 → 小篆 → 楷体

本义：乌龟。头象蛇头，左象足，右象甲壳，下面象尾。

一字多义

甲骨文龟字形，像俯视的鳖类突出背部的甲壳；金文像侧视的鳖类，蛇形头部、圆形背盖、肥短四肢、短促尾巴。其引申义为龟甲。如：龟卜（灼龟甲来预卜吉凶，是古时占卜的一种方法）。比喻高寿。晋·郭璞《游仙》："借向蜉蝣辈，宁知龟鹤年。"

shòu

寿

本义：长寿。

关联字

引申为年寿，寿限。《养生经》："上寿百二十，中寿百年，下寿八十。"也指出生日。比如问人生日可以用寿辰，一般用来问老人的生日。或指祝寿，多指奉酒祝人长寿。比如祝福老人长寿可以用"寿比南山"。

成语达人

金龟换酒 金龟，袋名，唐代官员的一种佩饰。解下金龟换美酒。形容为人豁达，恣情纵酒。

麟凤龟龙 古人以麟为兽类之首，凤为鸟类之王，龟为介类之长，龙为鳞类之尊。以此象征祥瑞、和谐、长寿、高贵的现象。比喻稀有珍贵的东西，也比喻品格高尚、受人敬仰的人。

诗意汉字

龟虽寿

东汉·曹 操

神龟虽寿，犹有竟时。

腾蛇乘雾，终为土灰。

老骥伏枥，志在千里。

烈士暮年，壮心不已。

盈缩之期，不但在天；

养怡之福，可得永年。

幸甚至哉，歌以咏志。

会唱歌的汉字

龟兔赛跑

嘀嗒嘀嘀嗒　　动物赛跑呐

兔子对乌龟　　看谁先到位

乌龟腿子短　　心里很不安

兔子腿子长　　内心喜洋洋

乌龟把汗捏　　跑步不肯歇

兔子很得意　　途中来休息

赛场终点线　　乌龟笑开颜

字里乾坤

给字添或减一两笔看看　龟　龟　龟

神 龟

一天夜里，宋元君梦见有人披散着头发对他说：我来自名叫宰路的深渊，我作为清江的使者出使河伯的居所，渔夫余且捕捉了我。宋元君醒来，派人占卜，占卜师说："这是一只神龟。"宋元君问："有一个叫余且的渔夫吗？"左右侍臣回答说有。宋元君下令让余且来朝见。余且来了。宋元君问："你捕捞到了什么？"余且答："一只白龟，周长五尺。"宋元君很高兴大声说："献出你捕获的白龟吧。"白龟送到了，宋元君却拿不定主意了，一会儿想杀掉，一会儿又想养起来。最后听了占卜师的话将龟杀了，用来占卜。果然，此后用白龟龟板占卜数十次推断，没有一点失误。孔子知道后说："神龟能显梦给宋元君，却不能避开余且的鱼网；神龟才智高，能占卜数十次没有失误，却不能逃脱被剖腹挖肠的祸患。如此说来，才智也有困窘的时候，神灵也有考虑不到的地方。"

鸟 niǎo

一字三变

甲骨文 → 小篆 → 楷体

本义：飞禽总名。脊椎动物的一纲，温血卵生，全身有羽毛，后肢能行走，前肢变为翅，一般能飞。

一字多义

甲骨文的"鸟"形象地画出鸟的头、嘴巴、身体，表明鸟是一种有翅膀的动物。《说文解字》："鸟，长尾禽总名也。"

飞 fēi

本义：鸟类或虫类等用翅膀在空中往来活动。

关联字

《说文解字》："飞，鸟翥也。象张翼之形。"泛指飞翔。《易经·乾卦》："飞龙在天。"也可指物体在空中随风飘游浮荡。

成语达人

惊弓之鸟　比喻因受惊恐而警觉，特别灵敏的人，也指惊慌失措的样子。

百鸟朝凤　旧时喻指君主圣明而天下依附。后比喻德高望重者众望所归。

鸟语花香　鸟鸣叫，花喷香。鸟叫得好听，花开得喷香。形容春天的美好景象。

诗意汉字

鸟鸣涧

唐·王　维

人闲桂花落，
夜静春山空。
月出惊山鸟，
时鸣春涧中。

会唱歌的汉字

小 鸟

风吹哨,雪花飘

小鸟饿得喳喳叫

小弟弟,把雪扫

撒把谷粒喂小鸟

字里乾坤

给字添或减一两笔看看　鸟　鸟　鸟

一字一故事

百鸟朝凤

很久以前,凤凰只是一只很不起眼的小鸟,羽毛也很平常,丝毫不像传说中的那般光彩夺目。但它有一个优点很勤劳,从早到晚忙个不停,将别的鸟扔掉的果实都一颗一颗捡起来,收藏在洞里。

可别小看了这种贮藏食物的行为,到了一定的时候,它可发挥大用处了!

果然,有一年,森林大旱。鸟儿们觅不到食物,都饿得头昏眼花,快支撑不下去了。这时,凤凰急忙打开山洞,把自己多年积存下来的干果和草籽拿出来分给大家,和大家共渡难关。

旱灾过后,为了感谢凤凰的救命之恩,鸟儿们都从自己身上选了一根最漂亮的羽毛拔下来,制成了一件光彩耀眼的百鸟衣献给凤凰,并一致推举它为鸟王。

以后,每逢凤凰生日之时,四面八方的鸟儿都会飞来向凤凰表示祝贺,这就是百鸟朝凤。

yàn 燕

一 十 廿 廿 廿 苫 苫 苫
苫 苫 苫 燕 燕 燕 燕 燕

一字三变

甲骨文 ▶ 小篆 ▶ 楷体

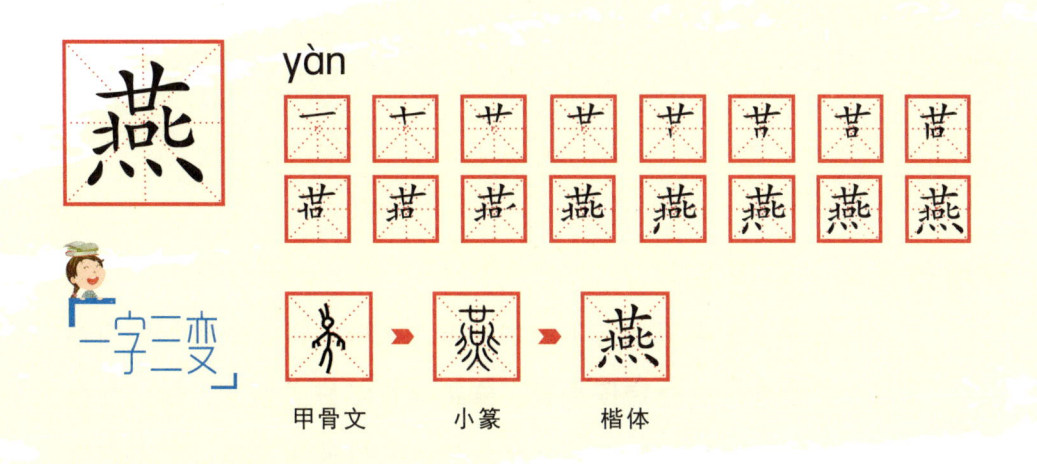

本义： 雀形目燕科鸟类的统称，在中国指家燕，候鸟，常在屋内或屋檐下用泥做巢居住，捕食昆虫，对农作物有益。

一字多义

甲骨文的燕字形，是一只张着嘴、展开翅膀，尾巴像剪刀的鸟，形象生动地描绘出燕子的姿态，因为燕子喜欢在人们居住的地方筑巢。故引申为：男女结为夫妻，感情很好，如新婚燕尔。

què 雀

本义： 鸟类的一科，吃粮食粒和昆虫。特指"麻雀"，泛指小鸟。

关联字

"雀"和"燕"组成"燕雀"这个词语，泛指小鸟，引申为比喻庸俗浅薄或者地位卑微的人。

成语达人

燕朋逆其师，燕辟废其学

燕朋，指亲近品行不好的朋友。燕辟，指亲近有不好习惯的朋友。这个短语是说，亲近品行不好的朋友，你的品行也会被带坏而违背老师所教授的礼仪道德。亲近有不好习惯的朋友，你也会染上不好的习惯。

燕雀安知鸿鹄之志

燕雀怎么会知道鸿鹄的志向。比喻平凡的人不能理解英雄人物的志向。

诗意汉字

乌衣巷
唐·刘禹锡

朱雀桥边野草花，
乌衣巷口夕阳斜。
旧时王谢堂前燕，
飞入寻常百姓家。

会唱歌的汉字

燕 子

小燕子，真灵巧

身上带把小剪刀

上天剪云朵

下河剪水波

剪根树根当枕头

剪块泥巴搭窝窝

字里乾坤

给字添或减一两笔看看　燕　燕　燕

鲲鹏的故事

传说远古时候，在遥远的北海有一条特别大的鱼叫做鲲，鲲身宽几千里。后来，鲲变成了一只大鸟，名字叫做鹏。大鹏鸟的背像泰山那样高，飞起来的时候，它的翅膀遮天蔽日。

有一次，大鹏鸟向南飞去。它在南海海面上击水而行，一下就是三千里。它向高空飞去，卷起一股风暴，一下子就飞出九万里。它飞出去，要过半年才能飞到南海休息。生活在洼地里的小燕雀，看见大鹏鸟飞得这么高，这么远，很不理解，就说："我们往上飞，不过几丈高就落下来了，飞过树梢也就算最高了。大鹏鸟为什么要飞向九万里以外的远方呢？"

少年人，应该要有远大的理想，不要像燕雀那样只满足于现状哦。

蚕 cán

一 二 三 天 禾 吞 吞 蚕 蚕 蚕

「一字三变」

小篆 ▶ 蚕

小篆　　楷体

「一字多义」

本义：昆虫，吃桑叶，吐丝做茧。丝可织绸缎。

小篆的"蚕"上面是发簪的"簪"，下面是卷曲的虫子，表示大量的虫丝如蓬松卷曲的发髻，说明蚕是一种能吐丝结茧的毛虫。楷体字的"蚕"上面是天，下面是"虫"，表示蚕是上天赐予人类的神品，表达了造字者对蚕的感恩。

丝 sī

「关联字」

本义：从蚕茧抽出的、成缕成股的细线。

引申为像丝的东西，如铁丝。也表示极少或极小的量，如一丝不差。或指绵长的思绪或感情，如情丝。也指弦乐器，如丝竹。

成语达人

作茧自缚 蚕吐丝作茧时,把自己包在里面。比喻人做事原来希望对自己有利,结果却反而使自己吃亏受到连累。也比喻自己束缚自己。

蚕食鲸吞 像蚕吃桑叶那样一步步侵占,像鲸吞食那样一下子吞并。比喻用各种方式侵占吞并别国的领土。

诗意汉字

无 题
唐·李商隐

相见时难别亦难,东风无力百花残。
春蚕到死丝方尽,蜡炬成灰泪始干。
晓镜但愁云鬓改,夜吟应觉月光寒。
蓬山此去无多路,青鸟殷勤为探看。

会唱歌的汉字

蚕

桑叶嫩，桑叶香

蚕儿吃，白又胖

吐银丝，细又长

织出绸缎做衣裳

字里乾坤

给字添或减一两笔看看　蚕　蚕　蚕

嫘（léi）祖养蚕

　　嫘祖生于农历三月六日，成年后嫁给轩辕。有一天，她去树林中捡拾柴草，被一张大蜘蛛网蒙住脸。她不知何物，跑到水边一照，像蒙了一层纱，觉得很好看。她想，如果把纱织厚一些罩在身上，比穿戴树皮树叶不是更轻松方便吗？于是，她开始研究蜘蛛网，后来她又发现了山上的蚕会吐丝，比蜘蛛的丝结实，便把野蚕家养，但是养了蚕结出茧子却抽不出丝来，出现了重重困难。有一次，嫘祖煮水烧饭时，无意之中有几颗茧子掉进了沸汤里，她慌忙捞出茧子时扯起了丝线。嫘祖得到了启发，从而发明了缫丝。

　　黄帝奖赏了嫘祖，赐给她桑林，让她教人们养蚕抽丝，织布做衣让人穿。

鱼 yú

丿 ⺈ ㇲ 龟 龟 甪 鱼 鱼

一字三变

甲骨文 → 小篆 → 楷体

一字多义

本义：一种水生脊椎动物。

甲骨文的"鱼"像一只有头、鳍、尾巴像剪刀一样的水中脊椎动物。《说文解字》："鱼，水虫也。象形。鱼尾与燕尾相似。"也可做动词，指"渔"的古字，打鱼，捕鱼的意思。

渔 yú

关联字

本义：以钓捞等方式在江河湖海捕鱼。

《说文解字》："渔，捕鱼也。"捕捞鱼是人类的捕捉行为，引申为掠夺、猎取、寻觅，如渔利。捕捞鱼是人自发做的，引申为捕鱼的人。

成语达人

鱼目混珠　把鱼眼珠杂混在珍珠中，比喻以假乱真，以次充好。

缘木求鱼　缘木：爬树。爬到树上去找鱼。比喻方向或办法不对，不可能达到目的。

授之以鱼不如授之以渔

　　送给别人一条鱼能解他一时之饥，却不解长久之饥，如果想让他永远有鱼吃，不如教会他捕鱼的方法。

诗意汉字

江　南

汉乐府

江南可采莲，
莲叶何田田。
鱼戏莲叶间。
鱼戏莲叶东，
鱼戏莲叶西，
鱼戏莲叶南，
鱼戏莲叶北。

会唱歌的汉字

小鱼游

清清小水沟

沟里鱼儿游

甩甩尾巴吹泡泡

追着浪花翻跟头

鱼/209

字里乾坤

给字添或减一两笔看看 | 鱼 | 鱼 | 鱼 | | |

鱼和鱼竿的故事

两个年轻人外出旅行，迷失在了一个人迹罕至的地方，距离最近的村镇也有几百公里。他们已经没有食物也无法沿路返回。绝望的时候，他们遇到了一个钓鱼的老人。老人手里拿着一根鱼竿，鱼篓里有一些鱼。他们立即向老人求救。老人说，从这里到有人烟的地方，至少有七天的路程，我把鱼竿和鱼给你们，你们自己渡过难关吧。两个年轻人约定一起走出困境。他们一边寻找着钓鱼的地方一边吃着鱼。在鱼篓里的鱼将要吃尽的时候，他们找到了钓鱼的地方，一个上午就钓了十多斤鱼。而后，他们把钓的鱼晒成鱼干，继续前进，沿路边钓鱼边赶路。十几天以后，他们成功地从死亡之地脱困，来到了海边。从此，两人开始了捕鱼为生的日子。几年后，他们盖起了房子，有了各自的家庭、子女，有了自己建造的渔船，过上了幸福安康的生活。

管 琼 主 编
唐文武 副主编

解字国学

国学趣味亲子读本

下册

华东师范大学出版社·上海

汉字又称中文字、中国字、方块字，属于表意文字的词素音节文字。

汉字是中国人认识世界的思维表现。

汉字是温暖的、可亲的，连接着昨天、今天和明天。

通过汉字，感受一笔一画下的文化和故事。

如何学习本书

认 字
从读音、笔顺入手,学好中国音,写好方块字。

变 字
一字三变,了解文字的演变过程。

释 字
一字多义,解释字的本义、引申义、比喻义。

造 字
通过加笔画造字、填字游戏,探知字里乾坤。

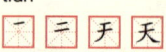

引 字
通过引申字、成语解读,让你成为成语达人。

天 tiān
一 二 于 天

一字三变: 甲骨文 → 金文 → 小篆 → 楷体

本义:一是颠,即人首,人头;
二是"天空",头顶的一片天空。

一字多义

天,高高在上,日月星辰在其中运行,风雨雷电在其中变幻。古人说:夫天者,人之始也;父母者,人之本也。人穷则反本,故劳苦倦极,未尝不呼天也;疾痛惨怛,未尝不呼父母也。大意是:天,是人的原始;父母,是人的本源。一个人在他困顿时,就希望回到本源,所以,当他处于劳苦疲倦至极的时候,没有不呼喊天的(比如:天呀!),当一个人被疾病缠身忧伤悲惨的时候,没有不呼爹喊娘的(比如:妈呀!)。

中华民族自古就有崇天敬祖的天命观,先民们认为天能左右人间祸福。民间有一种说法,举头三尺有神明。正是中国人对上天的敬畏。

昊 hào
本义:一片广大的天空,昊穹,昊苍。

关联字

天空是最美的,我们要学会做一个坦荡的人,像天空一样干净明朗。

天/003

成语达人

天从人愿 如愿以偿,好像天助一样。形容客观自然条件与主观上想做的事相一致。

天生丽质 天生:天然生成。丽质:美丽的姿容。形容女子妩媚艳丽。

天伦之乐 天伦:旧指父子、兄弟等亲属关系。泛指家庭的乐趣。

诗意汉字

登幽州台歌
唐·陈子昂

前不见古人,
后不见来者。
念天地之悠悠,
独怆然而涕下。

诗意汉字

通过相关的古诗文,陶冶情操、丰富知识。

歌唱字

用相关的童谣、绕口令或谚语,从此爱上阅读。

一字一故事

用相关的神话、传说、典故解说字的来源。

一字一故事

盘古开天地

传说太古时候,天地不分,整个宇宙像个大鸡蛋,里面混沌一团,漆黑一片,分不清上下左右、东南西北。但混沌中孕育着一个伟大的英雄,这就是开天辟地的盘古。盘古在浑圆体中足足孕育了一万八千年,终于从沉睡中醒来了。他睁开眼睛,只觉得黑乎乎的一片,浑身酷热难当,简直透不过气来。他想站起来,但身体被紧紧地包裹住,连舒展一下手脚也办不到。

急切间,他拔下自己的一颗牙齿,把它变成威力巨大的神斧,抡起来用力向周围劈砍。

浑圆体破裂了,变成两部分:一部分轻而清,一部分重而浊。轻而清者不断上升,变成了天;重而浊者不断下降,变成了地。盘古就这样头顶天脚踏地,诞生于天地之间。

盘古在天地间不断长大,他的头在天为神,他的脚在地为圣。天每日升高一丈,地每日增厚一丈,盘古每日生长一丈。如此一日九变,又经过了一万八千年,天变得极高,地变得极厚,盘古的身体也变得非常高大。

小朋友,你知道地球是怎样形成的吗?宇宙又是怎样形成的呢?

目录

上册

01 天地篇

天 · · · · · · · · · · · · · · · 003
地 · · · · · · · · · · · · · · · 007
日 · · · · · · · · · · · · · · · 011
月 · · · · · · · · · · · · · · · 015
明 · · · · · · · · · · · · · · · 019
星 · · · · · · · · · · · · · · · 023
辰 · · · · · · · · · · · · · · · 027
风 · · · · · · · · · · · · · · · 031
雨 · · · · · · · · · · · · · · · 035
云 · · · · · · · · · · · · · · · 039

02 人伦篇

父 · · · · · · · · · · · · · · · 045
母 · · · · · · · · · · · · · · · 049
男 · · · · · · · · · · · · · · · 053
女 · · · · · · · · · · · · · · · 057
老 · · · · · · · · · · · · · · · 061
幼 · · · · · · · · · · · · · · · 065
弟 · · · · · · · · · · · · · · · 069
孝 · · · · · · · · · · · · · · · 073
祖 · · · · · · · · · · · · · · · 077
人 · · · · · · · · · · · · · · · 081

03 身体篇

手 · · · · · · · · · · · · · · · 087
足 · · · · · · · · · · · · · · · 091
面 · · · · · · · · · · · · · · · 095
首 · · · · · · · · · · · · · · · 099
耳 · · · · · · · · · · · · · · · 103
目 · · · · · · · · · · · · · · · 107
口 · · · · · · · · · · · · · · · 111
舌 · · · · · · · · · · · · · · · 115
齿 · · · · · · · · · · · · · · · 119
发 · · · · · · · · · · · · · · · 123

04 山水篇

山 · · · · · · · · · · · · · · · 129

峰 ･････････････ 133	末 ･････････････ 217
水 ･････････････ 137	木 ･････････････ 221
川 ･････････････ 141	竹 ･････････････ 225
岸 ･････････････ 145	菜 ･････････････ 229
井 ･････････････ 149	禾 ･････････････ 233
泉 ･････････････ 153	草 ･････････････ 237
石 ･････････････ 157	茶 ･････････････ 241
田 ･････････････ 161	果 ･････････････ 245
土 ･････････････ 165	丰 ･････････････ 249

05 动物篇

07 方位篇

龙 ･････････････ 171	东 ･････････････ 255
马 ･････････････ 175	西 ･････････････ 259
羊 ･････････････ 179	南 ･････････････ 263
牛 ･････････････ 183	北 ･････････････ 267
象 ･････････････ 187	内 ･････････････ 271
龟 ･････････････ 191	外 ･････････････ 275
鸟 ･････････････ 195	上 ･････････････ 279
燕 ･････････････ 199	下 ･････････････ 283
蚕 ･････････････ 203	左 ･････････････ 287
鱼 ･････････････ 207	右 ･････････････ 291

下册

06 植物篇

08 时序篇

本 ･････････････ 213

甲 ･････････････ 297

乙	301
丙	305
一	309
三	313
九	317
子	321
丑	325
寅	329
卯	333

09 时令篇

春	339
秋	343
冬	347
夏	351
寒	355
暑	359
年	363
宵	367
朝	371
夕	375

10 文化篇

琴	381
棋	385
诗	389
画	393
册	397
瓷	401
玉	405
金	409
乐	413
和	417

后记 · · · · · · · · · · · · · 421

06 植物篇

咬定青山不放松，
立根原在破岩中。
千磨万击还坚劲，
任尔东西南北风。
——清·郑板桥
《竹石》

běn

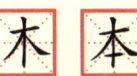

本　一　十　才　木　本

一字三变

金文 → 小篆 → 楷体

本义：草木的根或靠根的茎干。

"本"是指事字，金文在树根部位加一点指事符号，表示树在地下的营养器官。根源，本源。

《论语·学而》："有子曰：'其为人也孝弟，而好犯上者，鲜矣；不好犯上，而好作乱者，未之有也。君子务本，本立而道生。孝弟也者，其为仁之本与！'"

这段话的中心意思是：为人孝弟是为人之本。

笨 bèn

本义：竹子的内层。《说文解字》："笨，竹里也。"

后引申为智力差，愚笨。如：笨头笨脑。

笨鸟先飞，就告诉我们：即使我们不是天生的聪明人，但是我们只要比人刻苦，比人用心，凡事提前练习，准备，就一定可以完成。

成语达人

本末倒置　本：树根；末：树梢；置：放。
比喻把主次、轻重的位置弄颠倒了。

一本正经　形容庄重，规矩，非常认真（有时带有讽刺的意味）。

英雄本色　英雄：杰出的人才。杰出人物的本来面貌。
多指杰出的人物必然有非凡的行为、举动。

诗意汉字

竹 石

清·郑板桥

咬定青山不放松，
立根原在破岩中。
千磨万击还坚劲，
任尔东西南北风。

会唱歌的汉字

荆条根儿

荆条根儿用处多

编了柳斗儿编笸箩

笸箩倒比柳斗儿大

管着柳斗儿叫哥哥

字里乾坤

给字添或减一两笔看看　本　本　本

舍本逐末

战国时代，齐国为了和赵国加强外交关系，就派使臣访问赵威后。赵威后接过使臣的献礼，还没打开信，就先问使臣说："贵国的情形怎么样了？庄稼好吗？民众好吗？还有你们的君王也好吗？"使臣听了，心里很不高兴，就回答说："我是奉君王之命来问候您的，您不问我们君王的情形，却先问庄稼和民众，这样未免先贱后贵了吧！"赵威后笑着说："你错了，想想看，没有庄稼，哪会有民众呢？没有民众，又哪来的国君呢？难道要先舍根本去问末节的事吗？"

末 mò

一 二 丁 才 末

一字三变

木 ▶ 末 ▶ 末

金文　小篆　楷体

一字多义

本义：树梢。指事。

"木"上加一点，指明树木末梢所在处。

金文的"末"在木上加了一点，表示末是树的一部分。

1. 泛指物的末端、末尾。可作名词。如末端、末尾、末路。
2. 某时段中的结尾部分。如末日、末期、末班车等。

沫 mò

本义：沫水。形声。从水，末声。

关联字

《说文解字》："沫，沫水也。出蜀西徼外，东南入江。"

相濡以沫：泉水干涸了，鱼儿们被困在陆地上，它们用湿气相互滋润，用唾沫相互沾湿。比喻同处困境，相互救助。

成语达人

细枝末节　比喻事情或问题的细小而无关紧要的部分。
　　　　　　小事情，小节。细小的树枝，微末的环节。

天末凉风　天末：天的尽头；凉风：特指初秋的西南风。
　　　　　　常比喻触景生情，思念故人。

原本穷末　原本：探求根源；穷末：寻究到尽头。
　　　　　　追溯事物的由来。

诗意汉字

辛夷坞

唐·王　维

木末芙蓉花，
山中发红萼。
涧户寂无人，
纷纷开且落。

会唱歌的汉字

树阿姨

鸟宝宝，窝里住
吱吱叫，肚子饿
鸟妈妈，去找食
树阿姨，忙照顾
树枝轻轻摇鸟窝
树叶沙沙唱支歌
逗得窝里鸟宝宝
不哭不吵笑呵呵

末/219

字里乾坤

给字添或减一两笔看看　　末　末　末

强弩之末

匈奴派人前来请求和亲,皇上交由朝臣讨论。大臣王恢是燕地人,多次出任边郡官吏,熟悉了解匈奴的情况。他说:"汉朝和匈奴和亲大多过不了几年,匈奴就背弃盟约。不如不答应,而发兵攻打。"韩安国说:"派军队去千里之外作战,不会取得胜利。现在匈奴依仗军马的充足,怀着禽兽般的心肠,迁移如同群鸟飞翔,很难控制他们。我们得到它的土地也不能算开疆拓土,拥有了匈奴的百姓也不能算强大,从上古起他们就不可能真心归附汉人。汉军到几千里以外去争夺利益,人马疲惫。况且强弩之末连鲁地所产的最薄的白绢也射不穿;从下往上刮的强风,到了最后,连飘起雁毛的力量都没有了,并不是他们开始时力量不强,而是到了最后,力量衰竭了。所以发兵攻打匈奴实在是很不利的,不如跟他们和亲。"群臣的议论多数附合韩安国,于是皇上便同意与匈奴和亲。

强弩之末:强弩所发的矢,飞行已达末程。比喻强大的力量已经衰弱,起不了什么作用。

木 mù

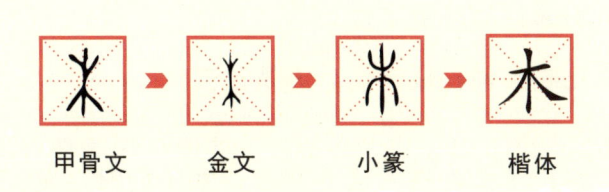

一 十 才 木

一字三变

甲骨文 → 金文 → 小篆 → 楷体

一字多义

本义：树木。象树木形。

上为枝叶，下为树根。

甲骨文的"木"像一根树干，下面有树根，表示木是扎根于土地的树。树离开根便会死亡，人也有根，那便是家乡，无论去到哪里都不要忘了自己的根。

后引申为木料，木材。如木船、木筏、木排、木雕、木刻。

又因为木头是一动不动的，所以引申为形容一个人呆笨，不懂变通。比如木柤（木桩。比喻痴呆的人）、木人（痴呆不慧的人）、木木（痴呆的样子）、木鸡（呆笨态）。

林 lín

关联字

本义：丛聚的树木或竹子。

"林"由两个木组成，表示有很多棵树在一起，组成"林"。

后引申为林业，如：农林牧副渔各行各业。

成语达人

木已成舟　树木已经做成了船。
比喻事情已成定局，无法改变。

入木三分　相传王羲之在木板上写字，木工刻时，发现字迹透入木板三分深。形容书法极有力。现多比喻分析问题很深刻。

移花接木　原指把花木的芽或枝条嫁接在别的植物上。后用以比喻暗中使用巧计在事情进行过程中更换人或事物。

诗意汉字

酬乐天扬州初逢席上见赠
唐·刘禹锡

巴山楚水凄凉地，二十三年弃置身。
怀旧空吟闻笛赋，到乡翻似烂柯人。
沉舟侧畔千帆过，病树前头万木春。
今日听君歌一曲，暂凭杯酒长精神。

会唱歌的汉字

小松树

小松树，真可爱

不怕寒风吹

不怕烈日晒

听小鸟，唱新歌

看蓝天，白云彩

长啊长啊长

长成一棵栋梁材

字里乾坤

给字添或减一两笔看看　木　木　木

徙木立信

《史记·卷六十八·商君列传》中记载了一则故事：

秦孝公在位时任命了卫鞅，即商鞅，商鞅想要实施变法图强政策，又担心天下人对自己产生非议，而导致变法不能成功。所以，虽然法令已经准备完毕，但没有公布。于是，商鞅想出了一个办法，他让手下人在国都市场南门立下一根三丈长的木杆，贴出告示，招募百姓有能够搬到北门的就赏给十镒黄金。百姓们得知后感到十分惊讶，议论纷纷，就是没有人敢去搬木杆。商鞅见状，又颁布命令，将赏钱加到五十镒黄金。重赏之下必有勇夫。果然有一个人站了出来，他将木杆搬到了北门，并且，他立即就得到了五十镒黄金的赏钱。百姓看到官府说话算话，没有欺骗民众。商鞅觉得时机已经成熟，终于颁布了变法法令，史称孝公变法。

孝公十三年（前356）和十九年（前350）商鞅先后两次实行变法，变法内容主要为"废井田、开阡陌，实行郡县制，奖励耕织和战斗，实行连坐之法"。

竹 zhú

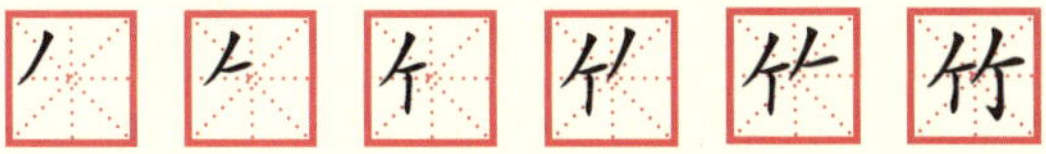

丿 𠂉 𠂉 竹 竹 竹

一字三变

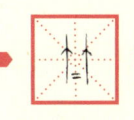

甲骨文 → 金文 → 小篆 → 楷体

本义：竹子。草本植物，竹叶呈狭披针形。

一字多义

小篆字形，像竹茎与下垂的叶片。"竹"是汉字的一个部首。从"竹"的字大部分是乐器、竹器和记载文字的东西。

竹的形状特征：高、直、有节。

竹的内涵意义：不刚不柔，质朴无华，高节虚心，亭亭正直，风来有清籁、日出有清阴；生不避贫壤，伐而复生，四时常茂，与松梅为友，能陶冶人的情操，增长人的审美意趣，因此人们把竹称为"君子"。

节 jié

本义：竹节。茎杆有节，中空，可供建筑用，又可作造纸原料，还可以制成乐器。

关联字

竹节是一段一段的，所以，引申出"骨节""关节"，把时间分为一段一段，就出现了节气的节，如清明节、重阳节、春节等。古人认为，竹节对竹子有约束作用，由此产生了对事物的约束意义，如：节制、节省、节约等。

成语达人

罄竹难书　　罄：尽。竹：古代写字的竹简。
　　　　　　　用来形容罪行极多，写也写不尽。

青梅竹马　　竹马，把竹竿当马骑。青梅，青色的梅子。
　　　　　　　后来借指幼年时亲密无间的青年男女。

势如破竹　　形容作战或工作节节胜利，毫无阻碍。

诗意汉字

赠李十四

唐·王　勃

野客思茅宇，
山人爱竹林。
琴尊唯待处，
风月自相寻。

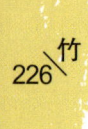

会唱歌的汉字

竹子谣

青竹子，紫竹子，圆竹子，方竹子

竹子做成竹屋子，竹屋里住着竹鸡子

竹鸡吃着竹虫子，竹虫要吃竹叶子

竹叶连着竹枝子，竹枝连着竹节子

竹节里住竹鼠子，竹鼠碰着了竹荚子

竹荚子后面是竹林子，竹林里有把竹锄子

我拿竹锄种竹子

字里乾坤

给字添或减一两笔看看　竹　竹　竹

花中四君子

古人的诗文中常提到梅、竹、兰、菊,它们也被称为花中四君子。

兰,一则花朵色淡香清,二则多生于幽僻之处,故常被看作是谦谦君子的象征。

菊,它不仅清丽淡雅、芳香袭人,还盛开于百花凋后,不与群芳争列,故历来被用来象征恬然自处、傲然不屈的高尚品格。

竹,经冬不凋,且自成美景,它刚直、谦逊,不亢不卑,潇洒处世,常被看作不同流俗的高雅之士的象征。

梅,迎寒而开,美丽绝俗,而且具有傲霜斗雪的特征,是坚韧不拔的人格的象征。

cài 菜

小篆 ▸ 楷体

本义：蔬菜。形声。采声。

小篆的"菜"上面是植物，下面是采摘，组合在一起表示菜是一种采摘来当做食物的植物。

上古时期，菜只指蔬菜，不包括肉类、蛋类，到了中古以后，菜就包括肉类、蛋类及其他熟食在内了。

后泛指一切菜肴，美味佳肴是指好吃的菜。去别人家吃饭，不管饭菜怎么样，都要说："阿姨做菜真好吃，真是美味佳肴啊！"这是礼貌用语。我们人人都要做一个讲礼貌的好孩子。

采 cǎi

本义：用手指或指尖轻轻摘取。

表示以手在树上采摘果实和叶子。

小朋友们：公园里漂亮的花可以采回家吗？

成语达人

小菜一碟　指不值得大肆宣扬。形容事情很容易办成。

看菜吃饭　比喻根据具体情况处理问题，办理事情。

面有菜色　形容因饥饿而显得营养不良的样子。

诗意汉字

宿新市徐公店

宋·杨万里

篱落疏疏一径深，
树头花落未成阴。
儿童急走追黄蝶，
飞入菜花无处寻。

会唱歌的汉字

蔬菜儿歌

小辣椒，真漂亮，穿红戴绿俏模样
有的细长脑袋尖，有的胖胖肚子圆
南瓜兄弟长得胖，摸一摸，硬邦邦
等它换了黄衣裳，大家抱它进厨房
韭菜长得似麦苗，身子细细很苗条
风儿姑娘来问好，他们乐得把头摇
蒜苔根根细又长，黄瓜穿着绿衣裳
菠菜红根叶又绿，菜花密集挤一起
弯弯扁豆像月牙，上粗下细葫芦瓜
绿叶白菜白白帮，卷心菜穿千层装
西红柿圆个又大，皱着脸的是苦瓜
长长豆角像根绳，半青半白是大葱
小花芸豆像把刀，茄子身穿紫色袍
芦笋尖顶节节高，土豆像球满地跑

字里乾坤

给字添或减一两笔看看　菜　菜　菜

《菜根谭》

《菜根谭》是明代的一部语录体著作，作者叫洪应明。

《菜根谭》书名意思是咬得菜根百事可为。一个人只要就够坚强地适应清贫的生活，不论做什么事情，都会有所成就。古语有说：性定菜根香，比喻只有心性澹泊沉静的人，才能领会大千世界之中的真意。

书中有许多处世哲理，如："心体光明，暗室中有青天；念头暗昧，白日下有厉鬼。"翻译过来就是说：一个人的心地如果是光明磊落的，即使站在黑暗之处，也如站在万里晴空下一般。一个人如果有邪恶不端的念头，即使在光天化日之下，也像被魔鬼缠身一般。

小朋友，我们从小要学会做一个坦荡的人，长大后才能堂堂正正，成为受人尊敬的人。

禾 hé

丿 二 千 禾 禾

一字三变

甲骨文 → 金文 → 小篆 → 楷体

本义：名词，结穗的谷类作物的总称。

一字多义

禾字的甲骨文、金文都像一株成熟的谷子，沉甸甸的谷穗弯垂着。

后引申为初生没有吐穗的水稻。是稻、麦等谷物成熟后聚生在茎干顶端的花或果实。

禾苗：指谷物类种子的幼苗，农耕时期，农民先利用一块土地培育种子，在培育期间生长的幼苗，泛指为"禾苗"。禾苗成长到一定程度，农民将其移种到新开垦的水田中，待其成长开花到成熟。

香 xiāng

本义：五谷的香。会意字。后指好闻的气味，诱人食欲的，受欢迎的。如香甜、香艳。

关联字

又指草木香料，常掺以木屑做成细条，点燃用以祭祀祖先或神佛。比如我们每到清明扫墓之时，要点香祭拜祖先。

成语达人

风禾尽起　比喻顺应天心，得到天助。

禾黍之悲　黍、禾：都是粮食作物，泛指庄稼。比喻亡国的悲伤。

禾头生耳　禾头：农作物的顶端；耳：耳状物，指谷物经雨而长出的芽。庄稼顶部出芽，那这种庄稼也就报废了。

诗意汉字

禾 熟

宋·孔平仲

百里西风禾黍香，
鸣泉落窦谷登场。
老牛粗了耕耘债，
啮草坡头卧夕阳。

会唱歌的汉字

一撇写在木字头

一撇写在木字头

变成禾苗栽地头

禾苗长得肥又壮

田野一片绿油油

字里乾坤

给字添或减一两笔看看　禾　禾　禾

杂交水稻之父

他的名字叫袁隆平，因为在杂交水稻培育上做出的杰出贡献，被称为"杂交水稻之父"。

1962年，袁隆平在一块田里发现了一株稻鹤立鸡群，穗特别大，而且结实饱满、整齐一致，他想这是一棵好苗。于是，第二年他把它种下去，辛苦培育，满怀希望有好的收获，不料大失所望，再长出来的稻子高的高，矮的矮，穗子大小不一。袁隆平坐在田埂上想为什么会失败。他想到第一年选出的是一棵天然杂交种，不是纯种，因此第二年遗传性状出现分离。而如果按照那棵原始株杂交种的产量来计算，亩产能达到1 200斤，这在上个世纪60年代是非常了不起的。突然一个灵感来了，既然水稻有杂交优势，为什么非要选育纯种呢？从此袁隆平开始致力于杂交水稻的育种。

就这样，经过12年的努力，成功培育出"三系杂交稻"。1976至1987年间，他培育的杂交水稻种植面积累计达到11亿亩，增产稻谷1 000亿公斤。

如今，我国大江南北的农田普遍种上了袁隆平研制的杂交水稻。杂交水稻的大面积推广应用，为我国粮食增产发挥了重要作用。

草 cǎo

一 艹 艹 艹 苢 苢 苴 草 草

一字三变
芔 ▶ 草
小篆　　楷体

本义：青草。草本植物的类名。形形色色小草的通称。

一字多义

小篆，像两棵草形，是小草冲出地面茁壮生长的状态。

草上部也成为汉字的部首，凡草本植物及其相关的事物，多加有"草头"，如芙蓉、芍药、蕊、芬芳等。

草民："草"又引申为粗糙、低贱等意思，古代统治者称平民百姓为"草民"，这种看法当然是不对的。自古就有官与民的矛盾。从草民到公民，"公"为平分，公正无私。

芽 yá

本义：芽，萌芽。

关联字

名词：草木刚萌发的尖齿状的幼体。

当小草萌芽的时候，我们感受到了春的脚步；当杨柳吐翠的时候，我们感受到春天的气息；当小树发芽的时候，我们感受到了春天的脉搏。

成语达人

逸笔草草 中国文人画家，喜欢用简洁的笔墨线条来表达自己心中的逸气，而不是只为画而画。常被称为逸笔草草。

草菅人命 草菅：野草。将人的生命当着野草一样。指任意残害人命。

绿草如茵 绿油油的草好像地上铺的褥子。常指可供临时休憩的草地。亦作"碧草如茵"。

诗意汉字

草

唐·白居易

离离原上草，一岁一枯荣。
野火烧不尽，春风吹又生。
远芳侵古道，晴翠接荒城。
又送王孙去，萋萋满别情。

会唱歌的汉字

小 草

大风起

把头摇一摇

风停了

又挺直腰

大雨来

弯着腰

让雨浇

雨停了

抬起头

站直脚

不怕风

不怕雨

立志要长高

小草

实在是并不小

字里乾坤

给字添或减一两笔看看 草 草 草

草木皆兵

东晋时代，秦王苻坚控制了北部中国，他一直想吞并江南的晋王朝。公元383年，秦王苻坚亲自率领90万大军，一路南下，去攻打晋国。晋国派大将谢石、谢玄领8万兵马迎战。苻坚很傲慢，根本没把力量悬殊的晋军看在眼里。

可是，谁料到秦军的先头部队同晋军首战便被打败，苻坚慌了手脚。他和弟弟苻融趁夜去前线远望，他看到晋军阵容严整，士气高昂，连晋军驻扎的八公山上的草木，也影影绰绰像是满山遍野的士兵。接着，在淝水（今中国安徽瓦埠湖一带）决战，秦军被彻底击溃，损失惨重，秦王苻坚自己受伤，弟弟苻融阵亡。苻坚仓皇而逃，一路上他听到风吹树木的声音，吓得以为是敌人追兵又到了。

这就是历史上以少胜多的著名战役淝水之战。

草木皆兵：比喻军队败退时心虚，把草木都看成为是敌兵。亦形容极度惊恐时产生多疑的错觉。

chá

茶

一 十 艹 艹 艾 苂 苶 茶 茶

一字三变

篆 ▶ 茶

小篆　楷体

本义：一种常绿灌木。叶长椭圆形，有锯齿，经加工制为饮料，就是茶叶。

一字多义

茶叶，茶树的叶、叶芽及节间，经加工焙制可作饮料。由茶树的嫩叶加工制成，供泡取饮料用。

茶树，山茶科的一种灌木，有披针形的叶和芳香的白花。

《茶经》是中国乃至世界现存最早、最完整、最全面介绍茶的第一部专著，被誉为"茶叶百科全书"，由中国茶道的奠基人陆羽所著。在陆羽笔下，普通的茶事升格为一种美妙的文化技艺。

花 huā

本义：草本种子植物的有性繁殖器官。

关联字

泛指能开花供观赏的草本与木本植物。或形容色彩缤纷，繁华。花团锦簇。

成语达人

茶余饭后　泛指休息或空闲的时候。

不茶不饭　不思饮食。形容心事重重的样子。

粗茶淡饭　指简单的、不精致的饮食。有时用来形容生活简朴。

诗意汉字

山泉煎茶有怀

唐·白居易

坐酌泠泠水，
看煎瑟瑟尘。
无由持一碗，
寄与爱茶人。

会唱歌的汉字

铁观音

小小绿球圆又圆

放入水中模样变

浑身舒展一片片

水杯一下全涨满

凑鼻一闻清香远

清神明目不一般

字里乾坤

给字添或减一两笔看看　茶　茶　茶

一字一故事

陆羽闭门写《茶经》

陆羽（733—804），字鸿渐，唐代复州竟陵（今湖北天门）人，一生嗜茶，精于茶道，以著世界第一部茶叶专著《茶经》闻名于世，对中国茶业和世界茶业发展做出了卓越贡献，被誉为"茶仙"，奉为"茶圣"。

唐肃宗乾元三年（760），陆羽从南京栖霞山麓来到浙江湖州苕溪，隐居山间，闭门著述《茶经》。这期间，陆羽常常身披纱巾短褐，脚穿藤鞋，独自在山里深入农家采茶觅泉，评茶品水或者诵经吟诗，经常是日黑尽兴，大哭而归，当时不了解陆羽性格的人，都称他"楚狂接舆"。陆羽在唐代宗时曾封为"太子文学"等多种官职，但他都拒绝上任。他一生鄙夷权贵，酷爱自然，最终以《茶经》一书留名青史。

注：陆接舆，是春秋时楚国的隐士。因对当时社会不满，剪去头发，表示坚决不与统治者合作。所以被人们称为"楚狂接舆"。

果 guǒ

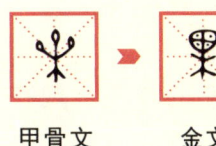

丨 冂 曰 旦 甲 果 果

一字三变

甲骨文 → 金文 → 小篆 → 楷体

本义：果子，果实。象形。

甲骨文字形，"田"象树上结的果实形，在木之上。这个意义后来曾写作"菓"。宋·司马光《训俭示康》："果止于梨、栗、枣、柿之类。"后也引申为结果之意，如常用俗语种瓜得瓜种果得果，便是指种什么有什么，表示努力去做一件事，最后一定能取得成绩。表示因果报应，心种恶念，收获的就是坏运气，心种善念，收获的就是好运气。

一字多义

栗 lì

本义：果实也称栗，可以吃。

关联字

"火中取栗"，指伸手取炉中烤熟的栗子。现指冒险行事，使自己蒙受损失。

成语达人

互为因果　原因和结果相互联系，相互转化。

硕果累累　秋天丰收时树上的果实茂盛的样子。现在常引申为某人的作品很多，取得了很大的成就。只要我们辛勤耕耘，等待我们的就是累累的硕果。

开花结果　原指经播种耕耘后有了收获。现比喻工作有进展，并取得了成果。

诗意汉字

诣徐卿觅果栽

唐·杜　甫

草堂少花今欲栽，
不问绿李与黄梅。
石笋街中却归去，
果园坊里为求来。

会唱歌的汉字

果子歌

正月甘蔗节节长

二月青果两头黄

三月梅子酸兰兰

四月枇杷满街黄

五月杨梅红贡贡

六月莲蓬水中央

七月红菱人人爱

八月龙眼送上门

九月香蕉双头翘

十月金橘满山园

十一月柑仔用笼装

十二月红柿甜又软

字里乾坤

给字添或减一两笔看看　果　果　果

自食其果

宋朝时，有位名叫丘浚的大官人去拜访寺庙里的一位和尚，因为穿着打扮比较随便，不像做官的人，和尚以衣取人，对他不理不睬，态度非常不礼貌。这个时候，来了一位衣着华丽非常有气派的年轻人，正是某大将军的儿子，这个势利的和尚立刻满脸笑容、毕恭毕敬地走上前招呼。丘浚在一旁看到很生气，等到那年轻人离开后，生气地责问和尚："你为什么对我这样不客气，而对他又那么好？"

和尚口才很好，狡辩说："你误解了，我是表面上对他客气，但内心未必对他客气；而内心对他客气的，就没必要表面上客气。"

丘浚的手中正好有支拐杖，他一怒之下，挥起拐杖向和尚的头上打去，一边说道："按照你的说法，我打你就是爱你，不打你就是恨你，那么我只好打你了。"

"自食其果"，指自己做了坏事，自己受到惩罚。

fēng

一 二 三 丰

一字三变

甲骨文 → 金文 → 金文大篆 → 小篆 → 楷体

一字多义

本义：指草木茂盛。

甲骨文字形，是在多重叶子的植物下面加"土"，表示土埂上的茂盛植物。

引申为：1. 容貌好看，比如丰润、丰腴；

2. 风度神采：比如丰采，也作风采，丰度，也作风度；

3. 盛，多，大：比如丰盛、丰碑、丰富、丰沛、丰饶等。

富 fù

关联字

本义：财产多，富裕。

现在多指多的，丰盛的。比如学富五车就是形容读书多，学识丰富。五车在这里是五车书的意思。

成语达人

丰衣足食　足：够。穿的吃的都很丰富充足。形容生活富裕。

五谷丰登　丰登：丰收的庄稼上场打晒。指收成好，农作物丰收。

丰功伟绩　伟大的功绩。也说丰功伟业。

诗意汉字

雪

唐·罗　隐

尽道丰年瑞，
丰年事若何。
长安有贫者，
为瑞不宜多。

会唱歌的汉字

丰收谣

秋风吹，秋风摇

祖国大地丰收到

田里庄稼粒粒饱

果园果实长得好

秋天到，齐欢笑

祖国大地真热闹

铁牛爷爷收获忙

农民伯伯齐欢畅

字里乾坤

给字添或减一两笔看看　丰　丰　丰

瑞雪兆丰年

相传人间下雪是由天上三个神仙掌管着，造物主把雪花赐予了冬天，使冬天于苍凉之中有了生气，沉寂之中增添了乐趣。农民们更是喜欢下雪，一见到白雪漫天飞舞，地上堆着厚绒绒的积雪时，就预感到了来年的丰收喜悦。"瑞雪兆丰年"，实际上就是人们发自内心对雪的赞叹，也寄托了人们对美好生活的愿望。

07 方位篇

渭城朝雨浥轻尘，
客舍青青柳色新。
劝君更尽一杯酒，
西出阳关无故人。
——唐·王维
《送元二使安西》

东 dōng

一 丆 东 东 东

一字三变

東 ▸ 東 ▸ 东

甲骨文　小篆　楷体

本义：是会意字。东方，日出的方向。

一字多义

东的常用义是太阳升起的方向，引申指向东。

春秋时秦晋合兵围攻东方的郑国，郑国派使者游说秦穆公，不要与晋联合消灭郑国，郑国就可以作为东方道上的主人接待秦国出使东方的使节，故用作"东道主"或"东道"，泛指相对客人而言的主人。如：房东、股东，今天我们做东。

常用词语有东西：指东面和西面；或泛指各种具体、抽象的事物。如买东西、吃东西。

栋 dòng

本义：指屋子正中最高处的东西向横木，引申为担负重任的人或事物。

关联字

栋梁：1. 屋顶最高处的水平木梁，支撑着椽子的上端。

2. 身负重担的人，能担负责任的人才。

3. 比喻担负国家重任的人。

成语达人

东山再起　东晋时，谢安退职后在东山做隐士，以后又出来做了大官。后用以比喻失败后重新上台。

旭日东升　旭日：初升的太阳。早上太阳从东方升起。比喻艰苦的岁月已过去，美好的日子刚刚来到。

日出而作，日落而息　太阳从东方升起来的时候，小朋友就要起床，洗脸刷牙，吃饭，然后学习。太阳下山，天黑后我们也要按时休息，养好身体，保证第二天的精力。

诗意汉字

竹枝词

唐·刘禹锡

杨柳青青江水平，
闻郎江上唱歌声。
东边日出西边雨，
道是无晴却有晴。

会唱歌的汉字

- 东洞庭，西洞庭
- 洞庭山上一条藤
- 藤条顶上挂铜铃
- 风吹藤动铜铃响

　　风停藤定铜铃静

字里乾坤

给字添或减一两笔看看　东　东　东

东床快婿

东晋时期，在朝中为官的人中有两个好朋友，一个是身为太傅（国王的辅佐大臣与皇帝老师）的郗鉴，一个是身为丞相的王导。郗鉴有个漂亮的女儿，年方二八，生得人有人才，貌有貌相，郗鉴爱如掌上明珠。他想给女儿找个好婆家。他看中了名门"琅玡王氏"，而王导也满口答应，说："我们王家的男孩儿，你自己去挑，挑上谁是谁。"

这一天管家带上厚礼到王丞相府去一探虚实，王家公子听说郗太傅家来选婿，个个都卯足了劲，仔细打扮一番出来相见，因为他们早就听说郗家有个美貌多才的佳人郗子房，都希望自己能被选中。

后来，管家发现东厢房里还有个年轻男子，没有刻意打扮不说，还袒胸露怀地躺在床上呼呼大睡。

管家回到郗府后如实汇报。郗鉴听完眼睛一亮，当即决定要把女儿嫁给那个袒腹东床的年轻人。而这位袒腹东床的年轻人，就是后来以书法闻名于天下的王羲之。

西 xī

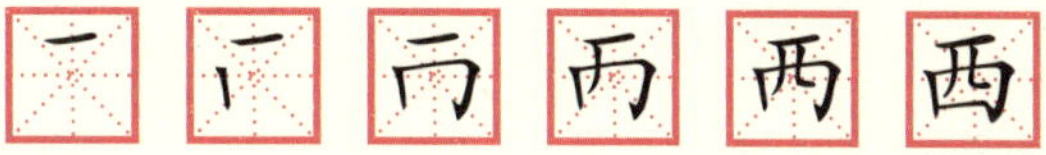

一 丆 丙 丙 西 西

一字三变

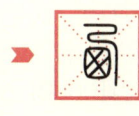

甲骨文 → 金文 → 小篆 → 楷体

本义：从小篆看，为鸟在巢上之象形。日在西方而鸟栖，故因以为西方之义，与东相对。

一字多义

西，鸟在巢上。日落西山时鸟归林栖巢，所以用作"东西南北"的"西"。所有与西相关的字，都采用"西"作边旁。

位于西方的国家：现代我国称欧美为"西洋"或"泰西"，简称为"西"，与"中"相对，如中西合璧，学贯中西。

西天、西土。佛教发源地印度，古称天竺，因在中国之西，故称西天、西土、西方净土、西方极乐世界等。

栖 xī、qī

本义：鸟在树枝或巢中停息。

关联字

栖有停留、居住、寄托、隐居等意思。地球是人类唯一的栖息地，我们要珍爱共同的家园。

成语达人

学贯东西　形容学问贯通了中国和西方的种种知识。

日薄西山　薄：迫近。太阳快落山了。比喻人已经衰老或事物衰败腐朽，临近死亡。

剪烛西窗　原指思念远方妻子，盼望相聚夜语。后泛指亲友聚谈。唐·李商隐《夜雨寄北》诗："何当共剪西窗烛，却话巴山夜雨时。"

诗意汉字

送元二使安西
唐·王　维

渭城朝雨浥轻尘，
客舍青青柳色新。
劝君更尽一杯酒，
西出阳关无故人。

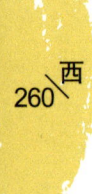

会唱歌的汉字

- 雨后西南风　三天不落空
- 日落西风住　不住刮倒树
- 常刮西北风　近日天气晴
- 久晴西风雨　久雨西风晴

西/261

字里乾坤

给字添或减一两笔看看　西　西　西

东半球西半球

在地球仪上,我们可以看到一条条连接南北两极的线,这就是经线。国际上规定,通过英国格林威治天文台原址的那条经线,叫做0°经线,也叫本初子午线。从0°经线向东叫东经;向西叫西经。

经线的划定确定了地球上的时间,国际上采用每隔经度15°,划分一个时区,全球共分24个时区,其中以0°经线为中央经线的时区,称为中时区(也称零时区),由此向东到180°依次为东一区至东十二区,向西到180°为西一区至西十二区。

不过,0°经线并不是地球的东西半球的划分线。地球东西半球的分界线是西经20°和东经160°。沿着西经20°和东经160°经线把地球切开,由西经20°向东到东经160°的半球叫东半球;以西的半球叫西半球。

中国从东到西的经度范围是:东经73°33′至135°05′,属于东半球。中国从最东端到最西端,跨越了五个时区。美国本土地区处在西经130度至西经74度之间,属于西半球。美国和中国刚好处于地球的东西半球。当我们是白天的时候,美国恰好是夜晚,等到我们要睡觉了,美国人开始起床了。

nán

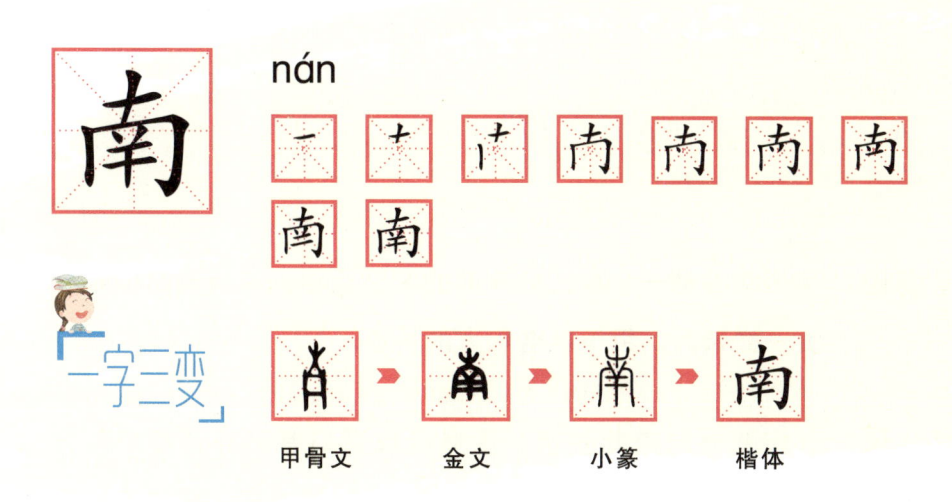

南

一 十 冃 冉 肻 肻 南 南 南

一字三变

甲骨文 → 金文 → 小篆 → 楷体

本义：方位词，与北相对。

一字多义

甲骨文的"南"像绳子系着钟鼓的样子，可见南最早的意思是流行于闽越一带的地方打击乐器。

后引申为方位。如南北、南边、南方、南面、南极、南美、南欧、南亚、南洋等表示方位的词语。

南岭是中国南部最大山脉和重要自然地理界线，南岭阻挡南北气流的运行，以致南北坡的水热状况有一定差异，尤以冬温最为明显。岭北常见霜雪，越冬作物都比较耐寒，岭南则很少有霜雪，热带性栽培植物比较多。

xiàn

献

本义：指祭祀宗庙时用作祭品的犬。

由进献、进献的物品引申为奉献。

关联字

成语达人

寿比南山 寿比南山是一个祝人长寿时的习惯用语，意为寿命像终南山一样长久。用于对老年人的祝颂。

南腔北调 原指戏曲的南北腔调。现形容说话口音不纯，搀杂着方言。中国有几大方言区：北方方言，吴方言，闽方言，粤方言，客家方言，赣方言、湘方言等。粤方言又叫粤语、广东话、广府话、白话，粤方言以广州话为主要代表。

南辕北辙 意思是心想往南而车子却向北行。比喻行动和目的相抵触。

诗意汉字

江南春绝句

唐·杜 牧

千里莺啼绿映红，
水村山郭酒旗风。
南朝四百八十寺，
多少楼台烟雨中。

会唱歌的汉字

- 五月南风下大雨　六月南风井底干
- 南风怕日落　北风怕天明
- 南风怕水溺　北风怕日辣

字里乾坤

给字添或减一两笔看看　南　南　南

北半球南半球

在地球仪上和经线相垂直的线，叫纬线。纬线是一个个长度不等的圆圈。赤道的纬度为 0 度，是地球上最长的纬线。由赤道往南北两极，纬度越高，越接近南北极。极圈纬度是 66 度 34 分，极点纬度是 90 度。如果像切西瓜一样，把地球沿赤道切开，赤道以北的半球，叫北半球；赤道以南的半球叫南半球。

地球在自转的同时，还倾斜着围绕太阳旋转。因为地球自转轴线与太阳之间有一个交角，所以，地球有时是北半球倾向太阳，有时又是南半球倾向太阳，形成太阳光直射地球的位置会随时间而发生南北的移动。每年的 6 月 22 日前后，太阳光直射在北纬 23°26′ 的纬线上。北半球的人们称这一天为夏至，夏天来了。随后太阳光逐渐南移，北半球受太阳照射的时间逐渐减少。每年的 12 月 22 日前后，太阳光直射在南纬 23°26′ 的纬线上，这时的北半球进入了冬天，我们称这一天为冬至。因为太阳光照在地球上，形成了南北半球的气温相反，当北半球是夏天的时候，南半球则是冬天，当南半球是夏天的时候，北半球就是冬天。春天来到北半球时，秋天则在南半球，相反，北半球进入秋天了，南半球的春天就开始了。

中国在北半球，纬度范围在北纬 3°51′ 到北纬 53°33′ 之间，最南端在立地暗沙，最北端在漠河以北黑龙江主航道的中心线上，南北相距 5 500 千米。

běi 北

丨 十 丰 北 北

一字三变

甲骨文 → 金文 → 小篆 → 楷体

本义：1. 朝向。

2. "北"是"背"的本字。古代"北""背"通用。

一字多义

在甲骨文中，"北"字是一个人和他的影子。中午时分，不论面向哪里站，影子的头部都会朝向北。古人将地上人影正对的方向指为"北"。

背对追击的敌人，弃战而逃。古代两军交战，战败的一方会背朝追兵落荒而逃，方向正好是自己的背部，原本的影子所处的位置，所以称为"败北"。

背 bèi、bēi

本义："北"是"背"的本字。古代二字通用。

关联字

朝着相反的方向：他把脸背过去，装着没看见。

违逆，违反。如：沛公不敢背项王，即指沛公不敢背叛项王。

成语达人

众星拱北 拱：环绕，拱卫；北：指北斗星。天上众星拱卫北辰。

南辕北辙 想去到南方，车子却向北行。比喻行动和目的正好相反。我们无论做什么事，只有首先看准方向，才能充分发挥自己的有利条件；如果方向错了，那么有利条件只会起到相反的作用。

大江南北 指靠临长江中下游两岸的广大地区。

诗意汉字

示 儿
宋·陆 游

死去元知万事空，
但悲不见九州同。
王师北定中原日，
家祭无忘告乃翁。

会唱歌的汉字

北风吹

- 北风那个吹
- 雪花那个飘
- 雪花那个飘飘
- 年来到
- 风卷那个雪花
- 雪花在那个门外
- 我盼爹爹快回家
- 欢欢喜喜过个年

字里乾坤

给字添或减一两笔看看　北　北　北

南橘北枳

晏婴，是春秋时期著名的政治家，他足智多谋，能言善辩，是一位出色的外交官。

晏婴第一次出使楚国时，楚王不怀好意存心想当众羞辱他，以挫齐国的锐气。晏婴来了，楚王表面上设宴热情款待，大家酒喝正高兴时，差役押着一个人进来，楚王装模作样地问："这人犯了什么罪？"差役连忙问答："这个人来自齐国，到我们楚国偷东西被我们抓到了。"楚王装作很惊讶的样子问晏婴："啊，难道齐国人都喜欢偷东西吗？"

晏婴看出楚王在演戏，他站起身对楚王拱手施礼，不慌不忙地说："我听说橘树生长在淮河以南时结出的是甘甜的橘子，如果将它移栽到淮河以北，结的果实就变成又酸又苦的枳了。同种植物所结果实的味道却大不相同，这是为什么呢？这就是因为水土不同的缘故啊！大王殿上的这个人在齐国时不偷盗，到了楚国后却学会了偷盗，难道是楚国的水土会使良民变成盗贼吗？"一席话噎得楚王是张口结舌，面红耳赤，最终只好赔笑收场。晏婴临危不惧，凭借自己的机智，维护了齐国的尊严和荣誉。

南橘北枳意思是淮南的橘树，移植到淮河以北就变为枳树。比喻同一物种因环境条件不同而发生变异。

内 nèi

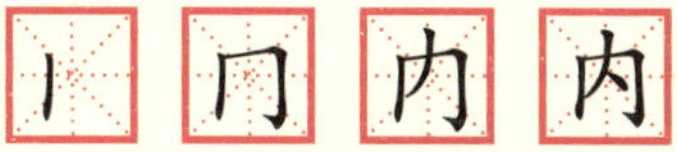

丨 冂 内 内

一字三变

㐁 → 内 → 内

甲骨文　小篆　楷体

本义：1. 表示事物被蒙盖在里面。
　　　　2. 进入穴居、住处。本义只见于古文。

一字多义

内涵：指人的内在涵养或素质，是相对于一个人的外在表现而言的。有内涵，是一个褒义词，通常是赞扬一个人有思想、有素质、有文化。如何做一个有内涵的人？涵养是一场修行，是一个人做人做事的态度，心怀善念、博闻强识、有文化、有自己的思想、有广泛的兴趣爱好、低调不张扬。

内省：小朋友从小学会每晚临睡觉前，想想一天当中，自己所做的事情，总结对的，改正不对的。

圆 yuán

本义：鼎口流畅的弧圈或圆形。

关联字

天道曰圆，地道曰方。方是框架，是为人之本；
圆是融通，是处世之道。为人处世，当方则方，该圆就圆，方圆相济，社会和谐。刚为方，柔为圆，人生自在方圆中。

成语达人

外柔内刚　柔：柔弱；内：内心。外表柔和而内心刚正。

外圆内方　比喻为人处事圆通豁达，内心有固守的准则。也指钱币。圆：圆通；方：方正，严正。

金玉其外，败絮其中　金玉：比喻华美；败絮：烂棉絮。外面像金像玉，里面却是破棉絮。比喻外表漂亮，内里破败。虚有华美的外表，实质却一团糟。

诗意汉字

旅眠

唐·元稹

内外都无隔，
帷屏不复张。
夜眠兼客坐，
同在火炉床。

会唱歌的汉字

唐诗里有画有歌

床前的月光，窗外的雪

高飞的白鹭，浮水的鹅

唐诗里有画，唐诗里有歌

唐诗像清泉，流进我心窝

字里乾坤

给字添或减一两笔看看　内　内　内

一字一故事

断 箭

春秋战国时代，一位父亲和他的儿子出征打仗。父亲做了将军，儿子还是马前卒。一阵号角吹响，战鼓雷鸣，父亲拖起一个箭囊，其中插着一支箭。父亲郑重对儿子说："这是家袭宝箭，佩带身边，力量无穷，但千万不可抽出来。"果然，佩带宝箭的儿子英勇非凡，所向披靡。当鸣金收兵的号角吹响时，儿子再也禁不住得胜的豪气，完全忘记了父亲的叮嘱，拔出了宝箭，试图看个究竟，骤然间他惊呆了，一只断箭！"我一直佩戴这只断箭打仗呢！"儿子吓出了一身冷汗，仿佛顷刻间失去支柱的房子，轰然间意志坍塌。结果儿子惨死于乱军之中。战后，父亲拣起那柄断箭，沉痛地说道："不相信自己的意志，永远也做不成将军。"

这个故事告诉我们：只有内心强大，相信自己的能力，才能将自己的才能发挥出来。万事都靠外力，而没有坚强的内心来支撑，即使外力再强，终是无法使出真正的本领。

外 wài

丿 ㄅ 夕 外 外

一字三变

甲 → 外 → 外
金文　小篆　楷体

本义：1. 是外面；外部。
　　　2. 与"内"或"里"相对。

引申义：1. 外表；仪表。2. 表面。
3. 外物。身外之物，多指利欲功名之类；亦指外界的人或事物。
4. 疏远。关系、感情上保持距离。

外婆是妈妈的妈妈。古时妈妈的娘家叫"外家"，所以妈妈的妈妈称"外婆""外祖母"。

远 yuǎn

本义：1. 带上衣物行囊长途出行。
　　　2. 走路走得长。

《说文解字》："远，辽也。"引申距离大，相隔远。与近相对。高远，远大。如：远大的理想、远大的目标。

成语达人

世外桃源　原指与现实社会隔绝、生活安乐的理想境界。
后指环境幽静生活安逸的地方。

置之度外　不去考虑。
有时指为正义的事不把个人的生死利害等放在心上。

外强中干　外强中干，外有强形，内中干竭。
泛指外表强大，内实空虚。

诗意汉字

送闲师归江南

唐·张　籍

遍住江南寺，随缘到上京。
多生修律业，外学得诗名。
讲殿偏追入，斋家别请行。
青枫乡路远，几日尽归程。

会唱歌的汉字

摇啊摇　摇到外婆桥

- 摇啊摇　摇到外婆桥
- 外婆叫我好宝宝
- 糖一包　果一包
- 外婆买条鱼来烧
- 头勿熟　尾巴焦
- 刮起尾巴再烧烧
- 外孙吃到欢淘淘

字里乾坤

给字添或减一两笔看看　外　外　外

外强中干

外强中干的意思是外有强形，内中干竭；指外表强大，内实空虚。

秦国和晋国之间发生了战争，晋惠公要使用郑国赠送的马来驾车。

大臣庆郑劝告惠公说："自古以来，打仗时都要用本国的好马，因为它土生土长，熟悉道路，听从使唤。用外国的马，不好驾驭控制，一遇到意外，就会乱踢乱叫。而且这种马外表看起来好像很强壮，实际上并没有什么能耐，怎么能作战呢？"但是惠公没有听从庆郑的劝说。战斗打响后，晋国的车马便乱跑一气，很快陷入泥泞，进退不得。结果被秦军大败，晋惠公也被秦军活捉了。

上 shàng

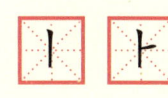

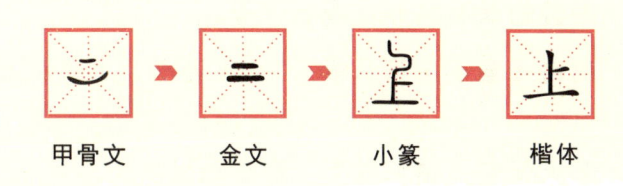

丨 上 上

一字三变

二 → 二 → 上 → 上

甲骨文　金文　小篆　楷体

本义：1. 是表示高处，上面。
　　　2. 是表示上等，等级高或品质良好。

一字多义

"上"是特殊指事字，由两横构成，底端一横较长，顶端一横较短。古人用"一"代表混沌太初状态；用"二"，由两个"一"组成，两横一样长，代表从混沌太初中分化出来的、相并列的天与地。古人又加以调整，用长短不一的两横表示方位，短横朝天的方向，就是"上"，短横朝地的方向，就是"下"。

让 ràng

本义：退让，谦让。

关联字

谦让是一种胸怀，一种美德，一种风度，一种智慧，它是一种适合大家的素养，更是一种修养。在我们这个年龄我们需要有谦让精神，也应该具备谦让精神。

成语达人

上善若水　是善的最高境界，像水一般。
出自《老子》第八章："上善若水，水善利万物而不争。"

上天入地　升上天空，钻入地下。形容神通广大。
也比喻为实现某种目的而四处奔走。

上行下效　上面的人怎么做，下面的人就跟着怎么干。

诗意汉字

咏　弓

唐·李世民

上弦明月半，
激箭流星远。
落雁带书惊，
啼猿映枝转。

会唱歌的汉字

一二三四五

上山打老虎

老虎不在家

打到小松鼠

松鼠有几只

让我数一数

字里乾坤

给字添或减一两笔看看　上　上　上

六合八荒

中国古代有"上下四方曰宇，往古来今曰宙"的说法，即宇是指无限的空间，宙是指无限的时间，宇指空间，宙指时间。

六合指天地四方，以一个人所在的位置，他的上、下、左、右、前、后的空间，称为六合；八荒指天地八个方向，同样以一个人所在的位置来定，即东、南、西、北、东南、东北、西北、西南。八荒常用来代指天下。汉代刘向在《说苑·辨物》中说："八荒之内有四海，四海之内有九州。"就是泛指四方，即全国各地。

在上古的传说中，将大地分九州，中原繁华之地为中州，其他八州地处荒原，合称八荒。

所以，六合八荒泛指天地之间，四海之内。

成语"眼观六路耳听八方"，正是从六合八荒而来的。形容一个人机灵敏捷，冷静观察周边事物。

下 xià

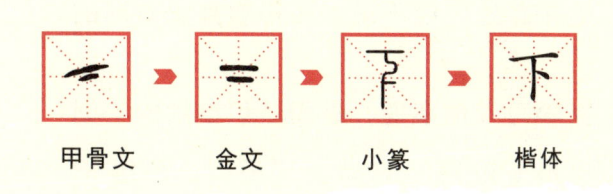

一 丆 下

一字三变

甲骨文 → 金文 → 小篆 → 楷体

一字多义

本义：1. 是下面，位置在下。
　　　2. 是名词，与天相对的地。

引申义：1. 常用来形容等级较低一层的关系。如臣下，百姓，群众。
　　　　2. 时间、次序靠后的。如下一次、下一趟、下一家。
　　　　3. 投放，投置。如下笔、下标、下棋、下种。

下马威：原指官吏初到任时对下属显示的威风。后泛指一开始就向对方显示自己的威力。

底 dǐ

关联字

本义：最下面，底端。

《说文解字》："一曰下也。"引申为底子，基础；底细、内情；或引申为尽头；末尾。如：年底；底极（终点；终极）。

成语达人

居高临下　处在高处俯视下面。多形容处于有利的地位。

下学上达　指学习人情事理，进而认识自然的法则。
出自《论语·宪问》："子曰：不怨天，不尤人，下学而上达。"

不耻下问　向地位比自己低、学识比自己少的人请教，也不感到羞耻。

诗意汉字

望庐山瀑布

唐·李　白

日照香炉生紫烟，
遥看瀑布挂前川。
飞流直下三千尺，
疑是银河落九天。

会唱歌的汉字

立夏不下雨，小满不满，芒种不管（豫、湘）

立夏不下雨，犁耙高挂起（云）

立夏雨少，立冬雪好（苏）

立夏落雨，谷米如雨（湘）

字里乾坤

给字添或减一两笔看看　下　下　下

一字一故事

上下五千年

中华文化历史悠久，作为世界四大文明古国之一，中华文明是唯一一个延续至今的人类文明。从夏朝开始到清朝末年，共 4 600 多年，号称 5 000 年。如果从三皇五帝算起，大约六、七千年。我们常用"上下五千年"来表示我国历史悠久。

五千年的中国文明史，历经多朝多代。中国的朝代顺序如下：夏、商、周，周朝分西周、东周，而东周则分春秋和战国，秦、西汉、新朝、玄汉、东汉，三国时期分魏、蜀、吴，晋分西晋、东晋；十六国分别是五凉（前凉、后凉、南凉、西凉、北凉），四燕（前燕、后燕、南燕、北燕），三秦（前秦、后秦、西秦），二赵（前赵、后赵），一成，一夏；南北朝分为南朝（宋、齐、梁、陈），北朝（北魏、东魏、西魏、北齐、北周）；隋、唐、五代（后梁、后唐、后晋、后汉、后周），十国（前蜀、后蜀、吴、南唐、吴越、闽、楚、南汉、南平、北汉）；宋分北宋、南宋，辽、西夏，金，元，明，清。1912 年中华民国成立；1949 年中华人民共和国成立。

有朝代歌，小朋友可以传唱：

三皇五帝始，尧舜禹相传；夏商与西周，东周分两段；春秋和战国，一统秦两汉；三分魏蜀吴，二晋前后沿；南北朝并立，隋唐五代传；宋元明清后，皇朝至此完。

左 zuǒ

一 ナ 左 左 左

一字三变

金文 → 小篆 → 楷体

一字多义

本义：1. 是方位词：左手边。
2. 是邻近：左近。

"左"，像一只手伸向右边，表示"左手"。金文的右下面有个工具，表示呼求神赐巧具，助事成功。

左迁：贬谪、降低官职，古人以右为上。左迁指降到下一个等级。

左徒：战国时楚国官名。后人因屈原曾为楚怀王左徒，即用以指屈原。

佐 zuǒ

本义：辅助，帮助。

关联字

"佐"是"左"的本字，后来"左"演变成方位词，人们便在"左"的旁边加多一个人，强调祈祷时人为的动作。"佐"常用于下对上、弱对强的帮助。上对下，强对弱时用"佑"。

成语达人

左思右想　前后思忖。形容深思熟虑。多方面想了又想。

左道旁门　指不正派的宗教派别，也借用在学术研究上。旁门左道。

左邻右里　中国有句俗语叫作"远亲不如近邻"，当你需要帮忙的时候，在远处的亲戚不能过来，倒是身边的邻居会给你很大的帮助。所以中国人特别注重邻里关系的处理。

诗意汉字

饮中八仙歌

唐·杜　甫

知章骑马似乘船，眼花落井水底眠。
汝阳三斗始朝天，道逢麹车口流涎，
恨不移封向酒泉。左相日兴费万钱，
饮如长鲸吸百川，衔杯乐圣称避贤。
宗之潇洒美少年，举觞白眼望青天，
皎如玉树临风前。苏晋长斋绣佛前，
醉中往往爱逃禅。李白斗酒诗百篇，
长安市上酒家眠。天子呼来不上船，
自称臣是酒中仙。张旭三杯草圣传，
脱帽露顶王公前，挥毫落纸如云烟。
焦遂五斗方卓然，高谈雄辩惊四筵。

会唱歌的汉字

左对右

上对下，小对大
前对后，左对右

多对少，老对少
来对去，男对女

黑对白，里对外
高对低，粗对细

远对近，古对今
明对暗，早对晚

左/289

字里乾坤

给字添或减一两笔看看　　左　左　左

一字一故事

左 书

隶书又称佐书、左书。

春秋战国时,中原的各诸侯国都使用自己的文字,造成了彼此之间交流上的困难。在秦始皇统一中国后,他实行了一系列新的措施,其中一项便是"书同文"。由秦朝宰相李斯、中书令赵高等大臣,在战国文字的基础上加以整理,统一了作为全国通行的官方文字小篆。小篆比起前朝文字,在线条、结构、字形等方面前进了一大步,但是在运笔方法上还是圆转悠长,没有完全摆脱象形的意味,书写速度比较慢。由于当时官狱多事、奏章繁多,军事、官府文件、公文往来频繁,经常需抄写大量的文书,省繁趋简便成了当时社会对文字改革的迫切要求,而隶书作为一种便捷的书体,在社会下层中广泛流行。

所以,相对在正式公文上使用的小篆体,隶书成为官员们在公务需要时的辅助性书写字体。大家称之为佐书,辅佐之书。那么为什么又称为左书呢?在古代,右为上,而左为下,所以,小篆为上,隶书为下,隶书也就被称为左书了。

yòu 右

一 ナ ナ 右 右

一字三变

司 ▶ 司 ▶ 右

金文　小篆　楷体

一字多义

本义：1. 是方位词，右手边。
　　　2. 是口手并用帮助别人。

右，像一只手伸向左边，表示"右手"。手的下面有个口，表示拱手祈祷，祈求平安。

座右铭：本指古人写出来放在座位右边的格言，后泛指人们激励、警戒自己，作为行动指南的格言。古今中外的成功人士几乎都有自己的人生格言——座右铭。

小朋友，你有自己的座右铭吗？

佑 yòu

本义：保护，佑助。

关联字

右是佑的本字，后来右演变成方位词，人们便在右的旁边加多一个人，强调祈祷时人为的动作。引申为辅助、帮助。

成语达人

左图右史 形容室内图书多。指嗜书好学。

左右逢源 原指学问工夫到家后,则处处皆得益。
后泛指做事得心应手。

左右开弓 比喻两手轮流做同一动作,或者一只手左边一下右边一下做同一动作。也指同时做几项工作。

诗意汉字

雪中寄令狐相公兼呈梦得
唐·白居易

兔园春雪梁王会,
想对金罍咏玉尘。
今日相如身在此,
不知客右坐何人?

会唱歌的汉字

右 手

吃饭右手拿筷子，

写字右手拿铅笔，

升旗右手行队礼，

左边右边分仔细。

右/293

字里乾坤

给字添或减一两笔看看 | 右 | 右 | 右 | | |

左为上还是右为上

在司马迁的《史记·廉颇蔺相如列传》中，有一段记载："既罢归国，以相如功大，拜为上卿，位在廉颇之右。廉颇曰：'我为赵将，有攻城野战之大功，而蔺相如徒以口舌为劳，而位居我上，且相如素贱人，吾羞，不忍为之下'"。

蔺相如因为有功，被皇帝加奖加官，位在"廉颇之右"。作为一员在战场上有大功的将军廉颇，对此很是不满意。

在古代，皇帝朝南而坐为至尊，大臣面北站立为臣属，这是"败北称臣"一排，在每一排中，从大臣自己来看，右为上，左为下，高官排右边，低官排左边，史书一般按臣位记载，因此，史书上记载官阶大小时，一般都是右为上左为下。

但是如果以皇帝为坐标原点来看，皇帝左手边为东，东为大，所以左为上，西为下，也就是皇帝的右手边为下。中国古代男尊女卑，男左女右，左为上右为下，用的就是以至尊者（皇帝）为坐标系的说法。此为绝对坐标系，定下了东上西下、左上右下、南尊北卑的基本原则。但皇帝只有一人，所以，这个坐标系，只有皇帝或至尊者一人能用，别人是不能用也不敢用的。

如果在门里朝外看，上联在左，下联在右，如果站在外边对着门时，贴者或观察者的右手边是上联，左手贴下联。

08 时序篇

夜半一阳初起时，
醒来心动露沾枝。
洞中岁月应天象，
莫谈机缘举步迟。
——当代·巫祯来
《地支诗·子篇》

jiǎ

丨 冂 冃 日 甲

一字三变

甲骨文 → 金文 → 小篆 → 楷体

本义：种籽萌芽后所戴的种壳。

一字多义

甲，天干的第一位，用于作顺序第一的代称，如甲子。也作居于首位的，超过所有其他的意思，如甲等。

古代科举考试成绩名次的分类：一甲（名为"进士及第"）；二甲（名为"进士出身"）；三甲（名为"同进士出身"）。古代军人打仗穿的护身衣服，用皮革或金属叶片制成，如盔甲。现代用金属做成有保护功能的装备，如装甲车。手指或脚趾上的角质硬壳，如指甲。

shēn

本义：束身，约束。

关联字

指事字，引申为地支的第九位，属猴。用于记时，申时（下午三点至五点）。或作陈述、说明的意思，如申述。也指重复、一再，如"申之以盟誓，重之以昏姻"。

成语达人

富甲一方　拥有的财物在某地方上居第一位。比喻十分富有。

丢盔弃甲　盔、甲：头盔和铠甲。跑得连盔甲都丢了。形容打败仗后逃跑的狼狈相，也可以用于一个人失败后的狼狈不堪的模样。

解甲归田　解：脱下；甲：古代将士打仗时穿的战服。脱下军装，回家种地。指战士退伍还乡。

诗意汉字

雁门太守行

唐·李贺

黑云压城城欲摧，甲光向日金鳞开。
角声满天秋色里，塞上燕脂凝夜紫。
半卷红旗临易水，霜重鼓寒声不起。
报君黄金台上意，提携玉龙为君死。

会唱歌的汉字

二十四节气农谚歌谣之一

立夏东风少病疴

晴逢初八果生多

雷鸣甲子庚辰日

定主蝗虫损棉禾

字里乾坤

给字添或减一两笔看看　甲　甲　甲

甲骨文的由来

甲骨文，古汉字书体之一种。殷人用龟甲、兽骨占卜，并将占卜的内容用当时的书体刻在甲骨之卜兆旁，故称为甲骨文。这种文字距今已三千多年。清末发现于河南安阳。1899年王懿荣认定为殷商文字，从事收集。经清末及近现代学者相继研究，已成为一个独立的学科。至今发现的甲骨有十万片以上，文字约四千五百个，为学者所识者有三分之一。其基本字形结构与后世汉字相一致，是汉字的较早书体。郭沫若《今昔集·论古代社会》："殷代尚相当原始，对于鬼神有深厚的信仰。逢到一件事情，就卜兆问神，更将卜问所得，书刻在牛胛骨上或龟甲上，故称甲骨文。甲骨文和公文一样，有一定的格式。内容大概是祭事、田猎、风雨、战争、疾病之类。"

注：王懿荣（1845—1900），中国近代金石家、甲骨文的发现者和爱国志士。

乙 yǐ

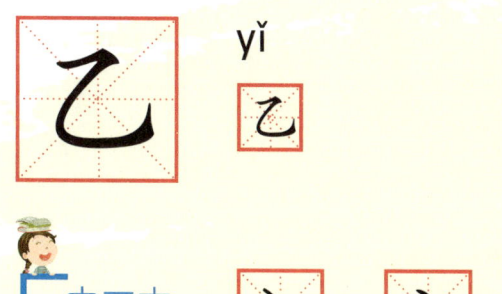

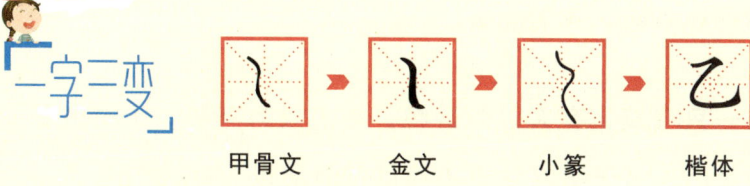

一字三变

甲骨文 → 金文 → 小篆 → 楷体

本义：象植物屈曲生长貌。

一字多义

象形，甲骨文字形。天干的第二位，用于作顺序第二的代称。也指代一方，如甲方乙方。也作姓。

次 cì

本义：临时驻扎和住宿。

关联字

指第二，如次日。或指质量、品质较差的，如次品。也指等第、顺序，如次序。亦指化学上指酸根或化合物中少含两个氧原子的：次氯酸。可作量词，指回（一个循环或过程），如次数。

成语达人

丹黄甲乙 指点校书籍，评定次第。

越凫楚乙 同一只飞鸿，有人以为野鸭，有人以为燕子。比喻由于主观片面，对于事物认识不清而判断错误。

张甲李乙 犹言张三李四。

诗意汉字

终南山

唐·王 维

太乙近天都，连山接海隅。

白云回望合，青霭入看无。

分野中峰变，阴晴众壑殊。

欲投人处宿，隔水问樵夫。

会唱歌的汉字

天干与四季对应歌

甲乙属春丙丁夏

戊己属于长夏中

庚辛属性为金秋

壬癸所属在于冬

字里乾坤

给字添或减一两笔看看　乙　乙　乙

科 举

中国古代社会自隋始，官员的选拔是通过考试来完成的。由于采用分科取士的办法，所以叫做科举。正式的科举考试分为四级：县试，乡试，会试，殿试。

县试是各地考生参加县府的考试，及格者称生员，俗称秀才。中了秀才、就算是读书人了。

乡试是省级考试，每年八月举行，又称秋闱。中试者称为"举人"。中了举人就获得了选官的资格，并可以参加在京师举行的会试。

会试是全国考试，每三年在京城举行一次，因在春季举行，又称春闱。各省的举人及国子监监生皆可应考，录取者称贡士，第一名叫会元。如果会试未被录取，可改入国子监做监生，入监的举人也给与俸禄。会试还有副榜，也称为乙榜，凡上乙榜的举人，不算正式录取，但大多数可授予学校教官。

殿试，又称御试，殿试是科举考试中的最高一级，由皇帝亲自出题考试。录取分为三甲：一甲三名，分别是状元、榜眼、探花，一甲赐进士及弟；第二等若干名，赐进士出身，第三等若干名，赐同进士出身。一、二、三甲统称进士，进士榜称甲榜，或称甲科。因为进士榜是用黄纸书写的，所以又叫黄甲，也称金榜，中进士称为金榜题名。

文天祥，字宋瑞。宝祐四年（1256）进士第一提名状元，他有崇高的爱国精神和民族气节，被誉为"状元中的状元"。他的著名诗句"人生自古谁无死？留取丹心照汗青"，留传千古。

丙 bǐng

一 丆 丙 丙 丙

一字三变

甲骨文 → 金文 → 小篆 → 楷体

一字多义

本义：鱼尾。鱼尾谓之丙。——《尔雅》

丙，定位在南方（南方是夏天的方位），这时万物都在长成，都光明强盛。阴气开始出现，阳气将要亏损。由一、人、冂会意。一，表示阳气。天干的第三位，用作顺序第三的代称。古人常说"丙夜"，指的就是"三更"（即晚上十一时至第二天凌晨一时）。

柄 bǐng

关联字

本义：器物的把儿。

柄，柯也。（柯：斧柄。）——《说文解字》。指植物的花、叶或果实跟枝茎连着的部分，如叶柄。作为量词，用于有柄之物，如一柄伞。也比喻在言行上被人抓住的材料，如把柄。

成语达人

付之丙丁 指用火烧掉。近义词付之一炬。

丙驭吐茵 为丞相丙吉驾车的人,在随丙吉外出时,喝得大醉,呕吐在丙吉车上,而丙吉原谅了他。后形容不计较小失。

诗意汉字

丙申岁诗
唐·元和举子

元和天子丙申年,

三十三人同得仙。

袍似烂银文似锦,

相将白日上青天。

会唱歌的汉字

丙子歌谣

岁在丙子　建巳之月　长生沐浴　懵懂出生

初心不改　矢志不渝　如月之恒　如日之升

何以未乐　千里踏歌　一二好友　三五知音

何以为贵　不假外求　寂然不动　自在轻松

何以为富　身无它物　一肩明月　两袖清风

字里乾坤

给字添或减一两笔看看　丙　丙　丙

干支纪年法

以天干和地支搭配纪日的方式起源于夏代，汉朝时，皇帝下令在全国推行干支纪年法。从此干支纪年固定下来，并一直延续使用至今。

干支是天干和地支的合称。甲、乙、丙、丁、戊、己、庚、辛、壬、癸十个符号叫天干；子、丑、寅、卯、辰、巳、午、未、申、酉、戌、亥十二个符号叫地支。天干地支法，就是用一个天干和一个地支，按照一定的顺序不重复地搭配起来，用来作为纪年纪月纪日纪时的代号。"天干"在前面，"地支"在后，这样构成一对干支。如果"天干"以"甲"字开始，"地支"以"子"字开始顺序组合，就是甲子年、乙丑年、丙寅年、丁卯年、戊辰年，等等，以此类推，循环往复。

宋神宗熙宁九年（1076），即农历丙辰年，中秋之夜皓月当空，银辉遍地，宋朝著名文学家苏轼与胞弟苏辙分别七年未得团聚。此刻，词人面对一轮明月，心潮起伏，于是乘酒兴正酣，挥笔写下了一首流传千年的诗篇《水调歌头 明月几时有》，在词的小序中，苏轼记录了当时的情形："丙辰中秋，欢饮达旦，大醉，作此篇，兼怀子由。"其中两句"人有悲欢离合，月有阴晴圆缺"更是成为后世人最为熟悉的佳句。

yī 一

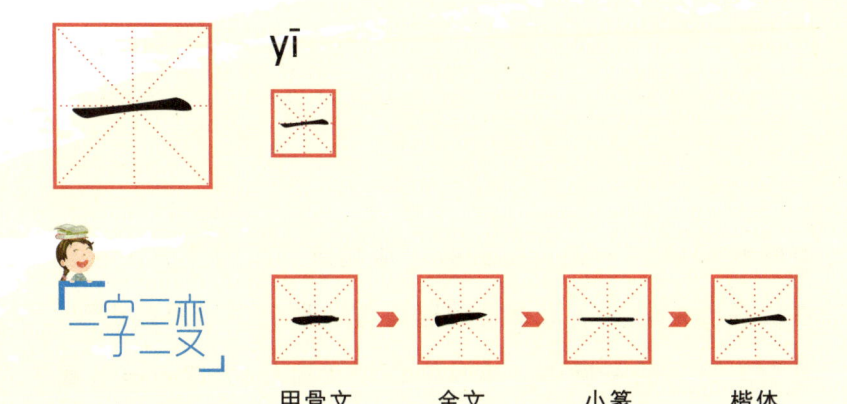

一字三变

甲骨文 → 金文 → 小篆 → 楷体

一字多义

本义：数词。大写作"壹"。最小的正整数。

"一"是特殊指事字，抽象符号"一"既代表最为简单的起源，也代表最为丰富的浑沌整体。《说文解字》："一，惟初太始，道立于一，造分天地，化成万物。"表示动作短暂，或是一次，或具试探性，如算一算。或作纯、专的意思，如专一、一心一意。也指全、满的意思，如一生、一地水。或指相同的，如一样。可作部分联成整体的意思，如统一。泛指初次，如一见如故。

yuán 元

关联字

本义：头、首、始、大，如元首。

指初始的，起点性的，第一的。

一元复始，指新的一年开始，常与下句"万象更新"合成春联。

成语达人

天人合一 中国哲学中关于天人关系的一种观点。是明朝思想家王守仁提出来的。认识事物的道理与在现实中运用此道理，是密不可分的一回事。不仅要认识"知"，尤其应当实践"行"，只有把"知"和"行"统一起来，才能称得上"善"。

举一反三 从一件事情类推而知道其他许多事情。

诗意汉字

游园不值

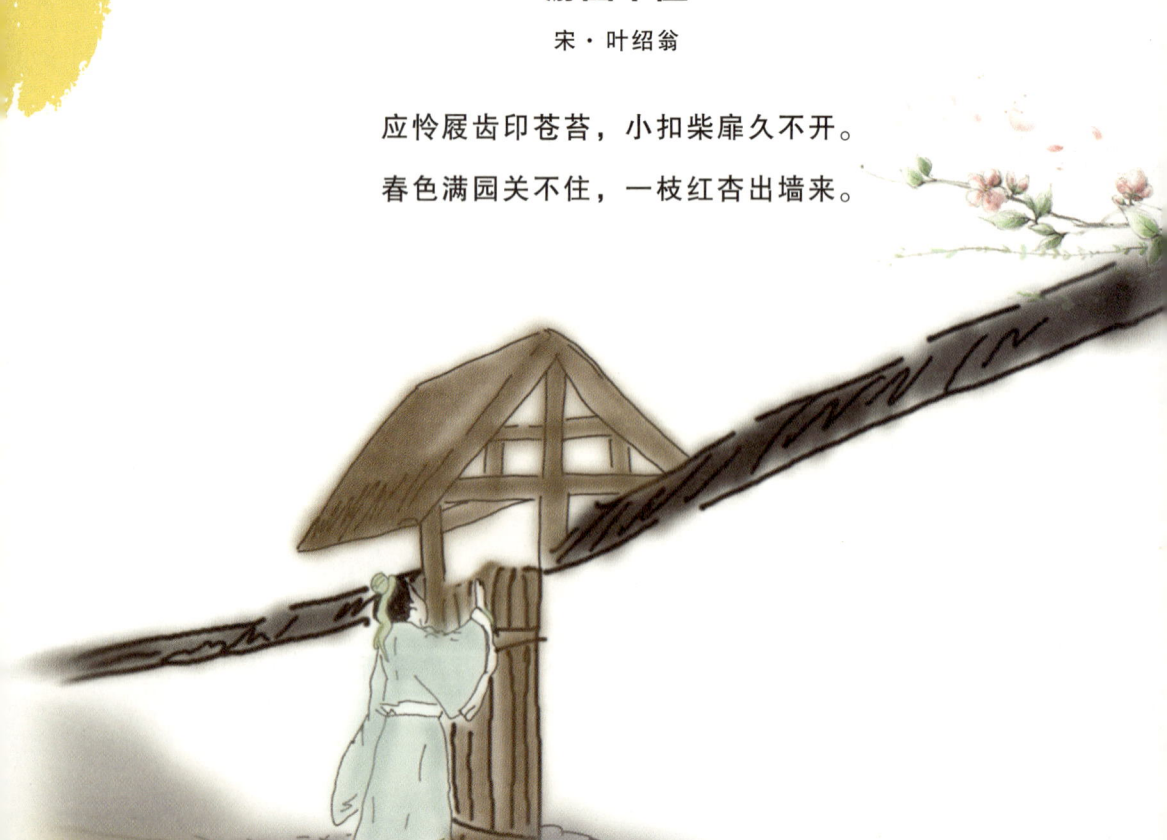

宋·叶绍翁

应怜屐齿印苍苔，小扣柴扉久不开。
春色满园关不住，一枝红杏出墙来。

会唱歌的汉字

一字谣

一匹布、一瓶醋

肩背一匹布

手提一瓶醋

走了一里路

看见一只兔

卸下布，放下醋

去捉兔，跑了兔

丢了布，洒了醋

字里乾坤

给字添或减一两笔看看　一　一　一

一诺千金

秦朝末年，在楚地有一个叫季布的人，性情耿直，为人侠义好助。楚汉相争时，季布是项羽的部下，曾几次献策，使刘邦的军队吃了败仗。刘邦气恨不已，下令通缉季布。敬慕季布为人的人，都在暗中帮助他。后来刘邦在汝阴侯滕公的劝说下撤消了对季布的通缉，还封季布做了郎中，不久又改做河东太守。季布的同乡人曹丘生，奉承权势，季布很看不起他。曹丘生见到季布吹捧说："我听楚地流传着'得黄金千两，不如得季布一诺'的话，您怎么能够有这样的好名声传扬在梁、楚两地的呢？我们既是同乡，我又到处宣扬你的好名声，您为什么不愿见到我呢？"

季布听了这番话，顿时高兴起来，留他作为贵客招待。临走还送一份厚礼。后来，曹丘生又继续替季布到处宣扬，季布的名声也就越来越大了。

小朋友，我们应该学习季布的一诺千金，但是不要学曹丘生的阿谀奉承。

sān 三

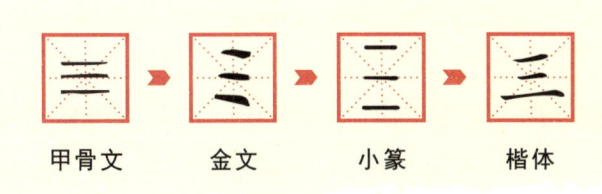

一字三变：甲骨文 → 金文 → 小篆 → 楷体

本义：数目，二加一的和。

一字多义

"三"是特殊指事字。古人认为"道立于一，一生二，二生三，三生万物"。衍生万物的天、地、人。"一"代替混沌太初的整体；"二"上面的一横代表"天"，下面的一横代表"地"；"三"上下两横代表"天地"，中间的一横代表"人"。

wáng 王

本义：古代指统治者谓以仁义取得天下。

关联字

《说文解字》：王，天下所归往也。从秦代开始，天子改称"皇帝"，"王"便成了对贵族或功臣的最高封爵，即诸侯王。在某一领域做到最出色时，我们称之为"王"，比如：面包大王；巧克力大王。比如：体操王子李宁、吊环王，等等。

成语达人

三思而行　三：再三，表示多次。指经过反复考虑，然后再去做。

三人行必有我师　三个人同行，其中一定有人可以做我的老师。语出《论语·述而》："子曰，三人行，必有我师焉，择其善者而从之，其不善者而改之。"

三省吾身　省：检查、反省；身：自身。原指每日从三个方面检查自己的行为，后指多次自觉地检查自己的所作所为。

诗意汉字

春　望
唐·杜　甫

国破山河在，城春草木深。
感时花溅泪，恨别鸟惊心。
烽火连三月，家书抵万金。
白头搔更短，浑欲不胜簪。

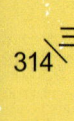

会唱歌的汉字

三字歌

三月三
小三去登山
上山又下山
下山又上山
登了三次山
跑了三里三
出了一身汗
湿了三件衫
小三山上大声喊
离天只有三尺三

字里乾坤

给字添或减一两笔看看 三 三 三

三顾茅庐

官渡大战后,曹操打败了刘备。刘备只得投靠刘表。曹操为得到刘备的谋士徐庶,就慌称徐庶的母亲病了,让徐庶立刻去许都。徐庶临走时告诉刘备,隆中有个奇才叫诸葛亮,如果能得到他的帮助,就可以得到天下了。

第二天,刘备就和关羽、张飞带着礼物,到隆中去拜访诸葛亮。谁知诸葛亮刚好出游去了,书童也说不准什么时候回来。刘备只好回去了。过了几天,刘备、关羽和张飞冒着大雪又来到诸葛亮的家。刘备看见一个青年正在读书,急忙过去行礼。可那个青年是诸葛亮的弟弟。他告诉刘备,哥哥被朋友邀走了。刘备非常失望,只好留下一封信,说渴望得到诸葛亮的帮助,平定天下。

转眼过了新年,刘备选了个好日子,又一次来到隆中。这次,诸葛亮正好在睡觉。刘备让关羽、张飞在门外等候,自己在台阶下静静地站着。过了很长时间,诸葛亮才醒来,刘备向他请教平定天下的办法。诸葛亮给刘备分析了天下的形势,说:"北让曹操占天时,南让孙权占地利,将军可占人和,拿下西川成大业,和曹、孙成三足鼎立之势。"刘备一听,非常佩服,请求他相助。诸葛亮答应了。那年诸葛亮27岁。

九 jiǔ

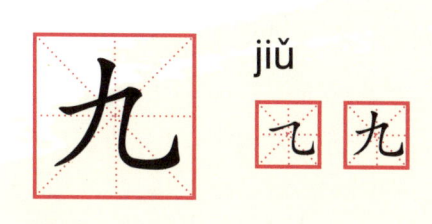

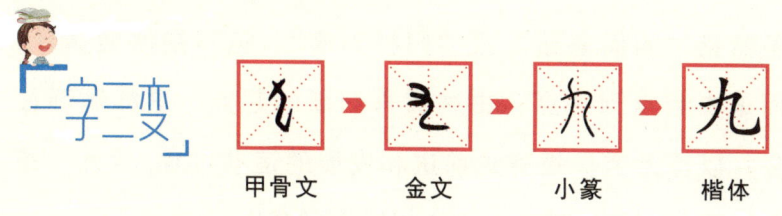

一字三变

甲骨文 → 金文 → 小篆 → 楷体

一字多义

本义：数词。最大的个位数。

泛指多次或多数，如九死一生。古代外交上最隆重的礼节，有九个迎宾赞礼的官员延引上殿，叫九宾。可作时令名，从冬至起每九天为一"九"。如今日进九、数九寒天、九尽寒尽。如九九（自冬至次日起数，每九天为一九，共历八十一日，称为九九）。也指月份，如九月。

极 jí

关联字

本义：名词：端点，顶点，终端。

可指最高的地位，如《史记·留侯世家》描述："今以三寸之舌，为帝者师，封万户，位列侯，此布衣之极，于良足矣。"作形容词时，意为终端的、最大限度的，如物极必反。作动词时，穷尽、最大限度地发挥，如极目远望。

成语达人

九九归一 虽然指"周而复始"或"归根到底",但不是原地循环,而是由起点到终点、由终点再到新的起点,这样循环往复,以至无穷,螺旋式前进和发展的运动过程。"九"是最大的,也是终极的,古人以之为"最"。

九死一生 九:表示极多。形容经历很大危险而幸存。也形容处在生死关头,情况十分危急。

诗意汉字

浪淘沙

唐·刘禹锡

九曲黄河万里沙,
浪淘风簸自天涯。
如今直上银河去,
同到牵牛织女家。

会唱歌的汉字

九九歌

一九二九不出手

三九四九冰上走

五九六九隔河望柳

七九河开

八九雁来

九九耕牛遍地走

字里乾坤

给字添或减一两笔看看　九　九　九

九牛一毛

西汉很有名的大将军李陵奉汉武帝的命令，率领军队去攻打匈奴。后因兵力不足而战败投降。武帝听到后非常生气，其他的大臣们也纷纷指责李陵的不忠。只有太史令司马迁为李陵打抱不平，他仗义执言说道："李陵将军孤军奋战，每次出兵攻打都有很好的战绩。而此次，他没有得到李广利（担任正面主攻任务的将军）的协助，五千人的步兵虽被八万匈奴兵团团围住，但仍冒死对抗，且连续打了十几天的仗，还杀敌一万多人，直到粮草都用尽了，才不得不假装投降，这样的战绩大概没有几个人能做到！"武帝听到司马迁不但为李陵辩解，而且还讽刺他的亲戚李广利，顿时火冒三丈，立即下令把司马迁打入死牢，接着又判了最残酷、最耻辱的宫刑。司马迁想到这一死了，在大家眼中也不过就像是九牛亡一毛，与蝼蚁之死没什么两样。不但得不到任何人的一丝同情，还会受到大家的嘲笑。于是，他下定决心、勇敢地活下去，最后终于完成《史记》这部流传千古的史学巨著。

zǐ 子

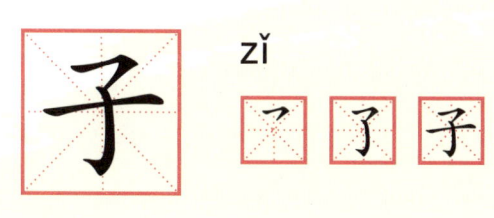

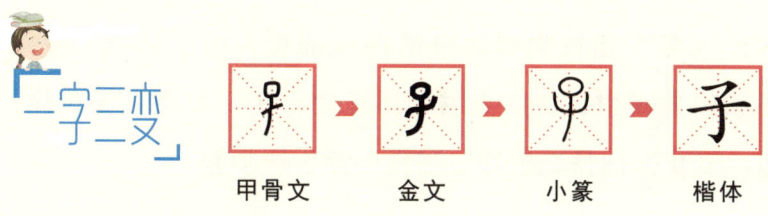

了 了 子

一字三变

甲骨文 → 金文 → 小篆 → 楷体

本义：古代指儿女，现专指儿子。

一字多义

子，甲骨文像一幅幼儿的线描，画出了幼儿的脑袋、头发、两脚。有的甲骨文简化字形，像幼儿两脚被裹在襁褓里，露出脑袋，挥动两臂。也作地支的第一位，属鼠：子丑寅卯比喻有条不紊的层次或事物的条理。或用于计时：子时（夜十一点至一点），子夜（深夜）。

鼠 shǔ

本义：哺乳动物的一科，门齿终生持续生长，常借啮物以磨短，繁殖迅速，种类甚多，俗称"耗子"。

关联字

《说文解字》中描述："鼠，穴虫之总名也。"十二生肖之一，子鼠。形容逃窜得匆忙狼狈可用"鼠窜狼奔"词语。

成语达人

经史子集　古代人将古籍按内容区分的四大部类。经：经书，是指儒家经典著作；史：史书，即正史；子：先秦百家著作；集：文集，即诗词汇编。泛指中国古代典籍。

谦谦君子　指谦虚而严格要求自己的人。

赤子之心　赤子：初生的婴儿。比喻人心地纯洁善良。

诗意汉字

短歌行（节选）

三国·曹　操

青青子衿，

悠悠我心。

但为君故，

沉吟至今。

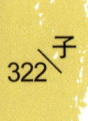

会唱歌的汉字

子字歌谣

正月仙客吃瓜子

二月小孩放哨子

三月清明吊白纸

四月种田下秧子

五月冬五满头夹包子

六月桃子加李子

七月花生㧕嫩子

八月桂花过馅子

九月重阳吃粽子

十月芋艿㧕嫩子

十一月泊泊下雪子

十二月冻死叫花子

字里乾坤

给字添或减一两笔看看　子　子　子

夜半三更

"夜半三更哟盼天明，寒冬腊月哟盼春风。"这是一首歌曲里的歌词。那么，三更是什么时间呢？

中国古人将一昼夜分十二个时辰，亦即两个小时一个时辰。十二时辰以子时为首，以晚间十一时起至次日凌晨一时为子时。零点以前为前一日，零点以后为次日。白天的时候，人们可以通过观察太阳的位置、日晷或计时用的"铜壶滴漏"等，帮助判断时间。但是在夜晚就很难知道具体的时间了。于是古人就规定由专人守着"铜壶滴漏"，按照时辰打更，告知民众。

古人规定，逢戌时即晚上七点至九点钟开始，叫做"起更"，也就是"一更"；二更是亥时，即夜晚九点至十一点钟；三更是子时，即夜间十一点至凌晨一点；四更是丑时，是凌晨一点至三点；五更是最后一更，已到寅时，是黎明前的三点至五点钟了。接下来，太阳升起来，新的一天开始了。

小朋友，你每天晚上是几时几更上床睡觉呢？

chǒu

丑

一字三变

甲骨文 → 金文 → 小篆 → 楷体

本义：相貌难看。

一字多义

形声。地支的第二位，属牛。也用于计时：丑时（凌晨一点至三点）。可指传统戏剧角色名，如丑角。或指可厌恶的、可耻的、不光荣的，如丑化、丑恶。

è

恶

本义：不好，凶狠。

关联字

指讨厌，憎恨，与"好"相对，如可恶。《荀子·天论》中描述："天不为人之恶寒而辍冬。"也指犯罪的事、极坏的行为，如恶贯满盈。或指要呕吐的感觉；亦指对人和事的厌恶态度。

成语达人

丑态百出　各种丑恶的样子都表现出来了。

子丑寅卯　四个地支。多指事理。

幺么小丑　指微不足道的坏人。

诗意汉字

《醉歌》节选

唐·白居易

罢胡琴，掩秦瑟，玲珑再拜歌初毕。
谁道使君不解歌？听唱黄鸡与白日。
黄鸡催晓丑时鸣，白日催年酉前没。
腰间红绶系未稳，镜里朱颜看已失。
玲珑玲珑奈老何？使君歌了汝更歌。

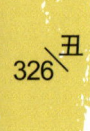

会唱歌的汉字

丑字歌

一争两丑

一让两有

一好遮不了百丑

百好遮不了一丑

子不嫌母丑

狗不嫌家贫

字里乾坤

给字添或减一两笔看看　丑　丑　丑

一字一故事

闻鸡起舞

晋代的祖逖，小时候是个不爱读书的淘气孩子，长大后意识到自己知识贫乏，无以报效国家，开始发奋读书。此后他广泛阅读书籍，认真学习历史，从中汲取了丰富的知识，学问大有长进。

祖逖和他幼时好友刘琨一起担任司州主簿。他与刘琨感情深厚，还有着共同的远大理想：建功立业，成为国家的栋梁之才。

一次，半夜里祖逖在睡梦中听到公鸡的鸣叫声，他说："别人都认为半夜听见鸡叫不吉利，我偏不这样想，咱们以后听见鸡叫就起床练剑吧。"刘琨欣然同意。于是他们每天鸡叫后就起床练剑，剑光飞舞，剑声铿锵。春去冬来，寒来暑往，从不间断。功夫不负有心人，经过长期的刻苦学习和训练，他们终于成为能文能武的全才，既能写得一手好文章，又能带兵打胜仗。祖逖后被封为镇西将军，实现了他报效国家的愿望。刘琨做了都督，兼管并、冀、幽三州的军事，也充分发挥了他的文才武略。

注：鸡鸣是十二时辰的第二个时辰。即凌晨一时至三时。以地支来称则为丑时。

寅 yín

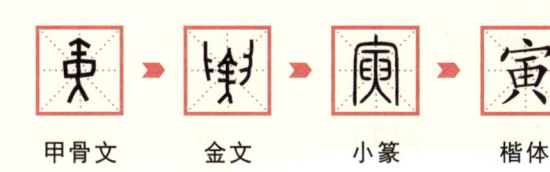

甲骨文 → 金文 → 小篆 → 楷体

本义：恭敬。寅，居敬也。——《说文解字》

象形。据甲骨文为矢形。指地支的第三位，属虎，如寅吃卯粮（喻入不敷出）。用于计时：寅时（夜三点至五点）。也作敬的意思，如寅饯（恭敬地送）。或用以计月，指夏历正月。如寅月；寅正（农历正月）。

演 yǎn

本义：演化、演变。

演义：以历史事实为基础，增添一些细节，用章回写成的小说。比如《三国演义》。

成语达人

寅吃卯粮 寅时（凌晨三到五点）的时候没得吃，要吃卯时（五到七点）的粮食了。比喻：经济很拮据，入不敷出。

斗柄回寅 意思是北斗星的斗柄指向了寅方，即在时间上到达了农历正月，一元复始，万象更新，大地回春，代表一年的开始的意思。

诗意汉字

长安早春

唐·张子容

关戍惟东井，城池起北辰。
咸歌太平日，共乐建寅春。
雪尽青山树，冰开黑水滨。
草迎金埒马，花伴玉楼人。
鸿渐看无数，莺歌听欲频。
何当遂荣擢，归及柳条新。

会唱歌的汉字

生肖谣

鼠牛虎兔龙蛇马

羊猴鸡狗猪娃娃

十二生肖在人间

岁岁伴着你我他

字里乾坤

给字添或减一两笔看看　寅　寅　寅

古人的名与字

古人出生后由父亲取名，名是幼时在家供长辈及兄弟姐妹称呼用的。当男子二十岁时举行冠礼，结发加冠，表示成人；女子在十五岁举行笄礼，结发加笄，表示成人许嫁。成年之后，男子要进入社会，女子要嫁人，所以需另起一个名，也就是字，是供平辈和晚辈称呼。所以，尊称、敬称和卑幼者对尊长者要称字，在自称、谦称和尊长者对卑幼者称呼时要称名；平辈之间，除了相熟的朋友可以不拘礼法称名之外，一般要称字，否则，称名道姓，直呼其名，就是不礼貌和不尊重对方的表现。

一个人的字是由他的名衍生而来，所以字与名之间有一定的联系。

唐寅是明代著名书画家、文学家，有"江南第一风流才子"之美称，在民间有很多关于唐寅的传说，最为人熟悉的故事是唐伯虎点秋香。

唐寅为什么又叫唐伯虎呢？因为生在寅年寅时，父亲给他取名寅，又寅为虎，在家是长子，所以取字伯虎。所以，唐寅是家人称呼的，而外人则称他为唐伯虎。

卯 mǎo

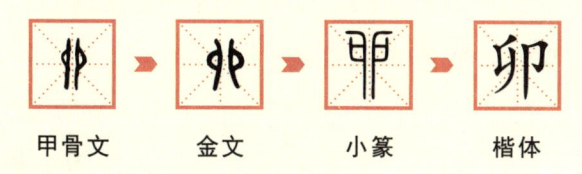

一字三变

甲骨文 → 金文 → 小篆 → 楷体

本义：门开着。

一字多义

甲骨文的"卯"像用双头钉的"匚"形孔穿过两扇门，即可将门关牢。指地支的第四位。如：子、丑、寅、卯，或用以计月，即农历二月。也指十二时辰之一，早晨五时至七时。同时也泛指早晨，一天中的日出时分。

酉 yǒu

本义是酒器，引申为酒。

关联字

后借以表示十二地支的第十位。与天干相配，或在太岁纪年法中用以计年。如1945年为农历乙酉年。或用以计时，即每日十七时至十九时，一天中的落日时分。

成语达人

卯不对榫　指榫头对不上卯眼。比喻说话不对话题。
近义词：驴唇不对马嘴。

丁一卯二　丁：通"钉"，这里指榫头；卯：器物上接榫头的孔眼。丁卯合位，一丝不差。形容确实、牢靠。

参辰卯酉　参、辰，二星宿名，此出彼没，不同时出现。卯：十二时辰之一，上午五时至七时，参星酉时出于西方，辰星卯时出于东方。参与辰，卯与酉相对立，比喻互不相关或势不两立。

诗意汉字

乙卯重五诗
宋·陆　游

重五山村好，榴花忽已繁。
粽包分两髻，艾束著危冠。
旧俗方储药，羸躯亦点丹。
日斜吾事毕，一笑向杯盘。

会唱歌的汉字

十二地支歌

子丑寅卯辰与巳

午未申酉戌和亥

地支共有十二位

单阳偶阴两分开

卯/335

字里乾坤

给字添或减一两笔看看　卯　卯　卯

一字一故事

榫和卯

榫卯就活像是隐藏在两块木头里的灵魂，当古代的工匠将多余的部分凿掉后，两块木头便会紧紧地互相握着，不再分开。

理论上，一个方向的榫卯组合，嵌接的部分在毫无干扰的情况下，也许10年，也许15年，长时间在大自然作用力的牵引下，便会自动松脱，这是木材所含的水分受到这些作用力影响的结果，就如潮汐涨退的道理一样。然而，当榫卯结构是由不同的方向嵌接的话，张紧与松脱的作用力便会互相抵消。一个榫卯如是，无数的榫卯组合在一起时，就会出现极其复杂微妙的平衡。

榫卯技术在宋代达到巅峰，一整栋大型宫殿成千上万的构件，不靠一枚钉就能紧紧扣在一起，实在非常了不起。每当榫卯构件受到更大的压力时，就会变得越加牢固。古老的木构建筑可以经历多次地震之后依然安然无恙，除了由于木材的延展力强之外，还有一个个的榫卯在挽手维系着。

09 时令篇

草树知春不久归，
百般红紫斗芳菲，
杨花榆荚无才思，
惟解漫天作雪飞。

——唐·韩愈
《晚春》

春 chūn

一 二 三 声 夫 夫 春 春 春

一字三变

甲骨文 → 金文 → 小篆 → 楷书

一字多义

本义：季节，一年的第一季：春季（农历正月至三月）。

春，是一年四季之首，万物生长的季节。古代把"历史"叫做"春秋"，那是因为庄稼春生秋熟，春生相当于历史之因，秋熟相当于历史之果，春来秋去的循环就是时间，而事件的因果循环就是历史。

蠢 chǔn

关联字

本义：动词，冬眠的虫蛇在回暖的春天苏醒、蠕动。《说文解字》："蠢，虫动也。"

引申义：迟钝的，愚笨的。《尔雅·释训》："愚蠢，不逊也。"

成语达人

妙手回春 对医术精良医师的称赞之语。比喻使沉疴转愈，有起死回生之术。

春诵夏弦 诵、弦：古代学校里读诗，只口诵的叫"诵"，用乐器配合的叫"弦"。原指应根据季节采取不同的学习方式。后泛指读书、学习。

春华秋实 华：花。春天开花，秋天结果。比喻人的文采和德行，现也比喻学习有成果。俗语"一分耕耘，一分收获"。

诗意汉字

春 日

宋·朱 熹

胜日寻芳泗水滨，
无边光景一时新。
等闲识得东风面，
万紫千红总是春。

会唱歌的汉字

柳姑姑

柳姑姑，池边站

绿头发，飘水上

风儿梳，雨儿染

越梳越染越好看

柳姑姑笑成一朵花

花儿名字叫春天

字里乾坤

给字添或减一两笔看看 | 春 | 春 | 春 | | | |

春风得意马蹄疾

唐朝诗人孟郊,年轻的时候无意为官,便在嵩山隐居,过着清贫闲淡的生活。在母亲的鼓励下,直到四十岁的时候才去应试,四十一岁时考取进士。

他高兴地即兴赋诗一首《登科后》:"昔日龌龊不足夸,今朝放荡思无涯。春风得意马蹄疾,一日看尽长安花。"来抒发自己的喜悦心情。

后人就用"春风得意"来形容仕途顺利,功成名就。

秋 qiū

`一 二 千 禾 禾 禾 禾 秋 秋`

一字三变

甲骨文 → 小篆 → 楷体

本义：四季之一，是夏季与冬季之间的一个季节。

一字多义

甲骨文字形为蟋蟀形，虫子在鸣叫，显示着"秋天"的来临。另一写法，是蟋蟀形下加"火"字，表示秋天禾谷熟。春天播种，秋季收获农作物，我们叫秋收，也作名词指秋天所收获的农作物。

愁 chóu

本义：秋表示"成熟的庄稼"，把秋放在心上的意思，是"心里牵挂着成熟的庄稼"。

关联字

指忧虑，发愁。如《礼记·乡饮酒义》中描述："秋之为言愁也。"唐·杜甫在《登高》中也写道："万里悲秋常作客，百年多病独登台。"

成语达人

一叶知秋 从一片树叶的凋落，知道秋天的到来。比喻通过个别的细微迹象，可以看到整个形势的发展趋势与结果。

秋月寒江 比喻有德之人心底清纯明净。
宋·黄庭坚《赠别李次翁》诗："德人天游，秋月寒江。"

诗意汉字

九月九日忆山东兄弟

唐·王　维

独在异乡为异客，
每逢佳节倍思亲。
遥知兄弟登高处，
遍插茱萸少一人。

会唱歌的汉字

树叶儿飘

秋天来了
秋天来了
树枝儿摇摇
树叶儿飘飘
红叶子飘
黄叶子飘
好像花瓣儿往下掉

拾一片黄叶
给布娃娃缝件袄
拾两片黄叶子
给布娃娃缝手套
再拾三片红叶子
给布娃娃缝顶小红帽

字里乾坤

给字添或减一两笔看看　秋　秋　秋

一字一故事

重阳节的来历

每年的农历九月初九日，是中华民族的传统节日，重阳节。

在古书《易经》中，把"九"定为阳数，九月九日，两九相重，所以称为"重阳"，因为日与月都是逢九，所以又称为"重九"。在民俗的观念中，"九"是个位数字中的最大数，含有长久长寿的意思，人们用它来寄托对长辈老人健康长寿的祝福。人们在重阳节这一天，进行登高祈福、秋游赏菊、佩插茱萸、祭神祭祖及饮宴求寿等活动。

唐开元五年（717），唐朝诗人王维刚满十七岁，在这一年的重阳节，他写下了一首流传至今的诗篇《九月九日忆山东兄弟》，其中的诗句"每逢佳节倍思亲"，成为时至今日依旧家喻户晓的名句。

重阳祭祖是中华民族相沿数千年，具有深刻意义的一个古老民俗。1989年，农历九月九日被定为"敬老节"，国家倡导全社会树立尊老、敬老、爱老、助老的风气。重阳与除夕、清明、中元并称中国传统四大祭祖节日。

冬 dōng

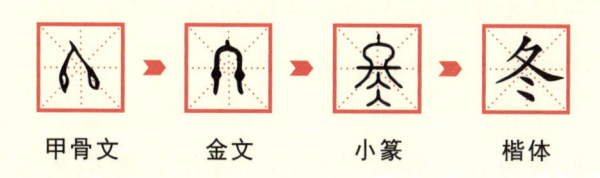

一字三变：甲骨文 → 金文 → 小篆 → 楷体

本义： "终"，即一年结束的意思。冬季是四季之一。

引申义： 1. 冬月，阴历十一月的俗称，适冬（阴历十一月）之望日（十五日）前后。2. 最后，终。《马王堆汉墓帛书》："诰诰作事，毋从我冬始。"

冻 dòng

本义： 结冰。

引申义： 1. 厚冰。《管子·五行》："冰解而冻释。" 2. 水晶般的，形容像冰一般晶莹润泽的。3. 寒冷，受冷或感到冷。唐·杜甫《茅屋为秋风所破歌》："吾庐独破受冻死亦足。"

成语达人

冬日可爱 如同冬天里的太阳那样使人感到温暖、亲切。比喻人态度温和慈爱，使人愿意接近。

秋收冬藏 秋季为农作物收获季节，冬季则贮藏果实以待一年之需要。比喻一年的农事。

冬寒抱冰，夏热握火 冬天寒冷却要抱冰，夏天炎热却要握火。形容刻苦自勉。

诗意汉字

江 雪

唐·柳宗元

千山鸟飞绝，
万径人踪灭。
孤舟蓑笠翁，
独钓寒江雪。

会唱歌的汉字

雪 人

胡萝卜，作鼻梁

小冰球，做眼睛

鼻梁高，眼睛亮

雪人对我笑盈盈

笑一笑，阳光照

雪人躲到哪去了

字里乾坤

给字添或减一两笔看看　冬　冬　冬

孙康映雪

晋代读书人孙康，因为家贫，无钱买灯油，一到夜晚就无法看书。一天半夜，孙康从睡梦中醒来，发现窗缝里透进一丝光亮。原来那是大雪映出来的光。他发现可以用它来看书。于是倦意顿失，立即穿好衣服，取出书籍，来到屋外。宽阔的大地上映出的雪光，比屋里要亮多了。

孙康不顾寒冷立即看起书来，手脚冻僵了，就起身跑一跑，搓搓手指。此后，每逢有雪的晚上，他就不放过这个好机会，孜孜不倦地读书。这种苦学的精神，促使他的学识突飞猛进，最终成为饱学之士。

xià 夏

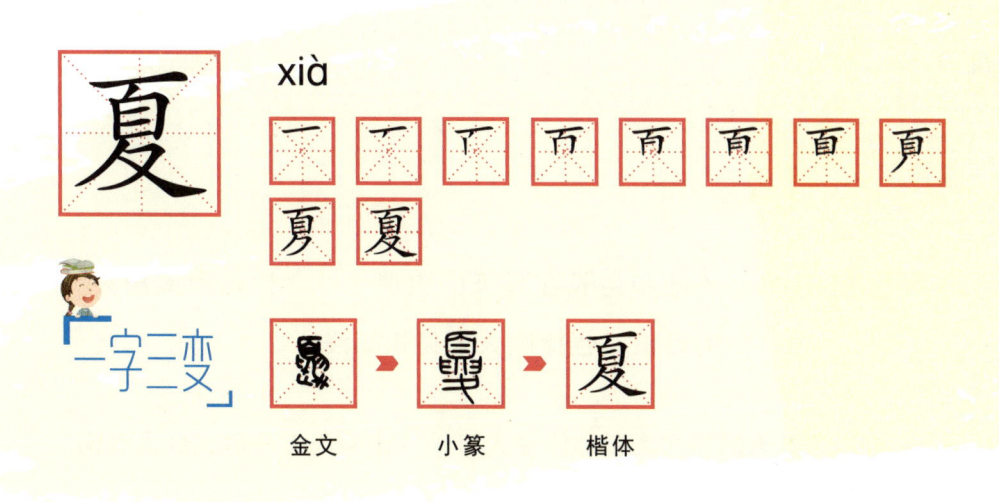

一字三变：金文 → 小篆 → 楷体

本义：季节名，一年的第二季，也称夏季、夏天、夏令。

"夏"字本义是"面向南方"。古人观念以南为生，以北为死；以南为阳，以北为阴；以南为前，以北为后。中国历史上的第一王朝，系传说中禹的儿子启所建立，建都安邑（今山西省夏县），第一代君主是禹；夏代、夏历、夏禹。

农 nóng

本义：种庄稼，属于种庄稼的，如农夫、务农。

农夫：种庄稼的人，如明·徐光启《农政全书》中描述："衣帛当思织妇之劳，食粟当念农夫之苦。"

当形容词时，谓之勤勉。如《管子·大匡》："耕者用力不农，有罪无赦。"

成语达人

夏虫不可以语冰　不能和生长在夏天的虫谈论冰。比喻时间局限人的见识，也比喻人的见识短浅。

夏日可畏　像夏天酷热的太阳那样使人可怕。比喻为人严厉，令人畏惧。

夏炉冬扇　夏天生火炉，冬天扇扇子。比喻做事不符合当时的需要，费了力气而得不到好处。

诗意汉字

晚　晴

唐·李商隐

深居府夹城，春去夏犹清。
天意怜幽草，人间重晚晴。
并添高阁迥，微注小窗明。
越鸟巢干后，归飞体更轻。

会唱歌的汉字

夏之歌

小知了，忙吹箫

小青蛙，把鼓敲

蝈蝈儿，歌声高

夏天真热闹

字里乾坤

给字添或减一两笔看看　夏　夏　夏

夏 历

夏历是中国古代汉族的历法之一，相传始创于夏代。

夏历是根据月亮围绕地球转动的规律来制定历法，以月球绕行地球一周为一月。当月亮绕行到太阳和地球之间，月亮的黑暗半球对着地球，我们是看不见月亮的，这时称为朔，也称为"朔日"，夏历将这一日定为每月的初一。当地球运行到月球和太阳之间时，我们可以看到整个被太阳直射的月球部分，这时称为望日，这就是通常说的十五的月亮。朔望月是月相盈亏的平均周期。从朔日到下一个朔日，或者从望日到下一个望日，月相的更替周期是29.53天，称为一个朔望月。

夏历以春季一月为正月。平年十二个月，大月三十天，小月二十九天，全年354天或355天。由于每年的天数比太阳年约差十一天，所以在十九年里设置七个闰月。夏历纪年用天干地支搭配，六十年周而复始。

古人还在长期的观察中，根据太阳光照射到地球上的位置，把一个太阳年分成二十四个节气，以利于农业种植等活动。人们因为二十四节气对于农业生产有重要意义，所以也将夏历称为"农历"。

夏历除了反映月相盈亏外，还反映了潮汐现象。在科学技术不发达的古代，以月相变化为依据的夏历，可以帮助人们了解掌握潮汐变化，对于远洋航海、海上捕鱼、海水养殖等各类生产活动，有着非常积极的作用。

夏历是中华民族宝贵的文化遗产。

hán

寒

宀 宀 宀 宀 宀 宀 宀
宀 寒 寒 寒

一字三变

金文 → 小篆 → 楷体

本义：冷，寒冷。寒，冻也。——《说文解字》

一字多义

外面是"宀"，即房屋；中间是"人"；人的左右两边是四个"草"，表示很多；下面两横表示"冰"。寒冷是一种感觉，人们虽能感觉到，但是却看不见。其引申义为：贫困、卑微、低微及冷清。

lěng

冷

本义：凉。

关联字

引申义：1. 寒冷；2. 冷清、冷落；3. 冷遇、对人冷淡；4. 生僻。

如冷漠：对人或者事情态度上不热情。我们要关心他人，关心生活中发生的各种事情，遇到需要帮助的人，我们要热情相待。如果人人都是友善的，我们的社区、学校、班级就会处处温暖。

成语达人

噤若寒蝉 指像深秋的蝉那样不鸣叫。形容不敢作声。含有贬意。蝉嘶于夏秋，不久即死。古人不察，以为蝉到寒天，不能发声，形容因为害怕而不敢说话。

寒来暑往 泛指时光流逝。谓忽冷忽热，冷热交替。

诗意汉字

山 行

唐·杜 牧

远上寒山石径斜，
白云生处有人家。
停车坐爱枫林晚，
霜叶红于二月花。

会唱歌的汉字

寒 冷

爸爸喜欢一杯烈酒

妈妈喜欢捧着热茶

奶奶喜欢围着暖炉

我最喜欢赖在被窝

字里乾坤

给字添或减一两笔看看 　寒 寒 寒

二十四节气之大寒

早在春秋战国时期，中国的先民用土圭，就是在地面竖一根杆子，来测量正午太阳影子的长短，影子最短的一天就是夏至，最长的一天是冬至，影子长度适中的是春分或是秋分，再由此划分出二十四节气。从立春开始，然后是雨水、惊蛰、春分、清明、谷雨、立夏、小满、芒种、夏至、小暑、大暑、立秋、处暑、白露、秋分、寒露、霜降、立冬、小雪、大雪、冬至、小寒，最后是大寒。

大寒是二十四节气中最后一个节气，每年1月20日前后太阳到达黄经300°时为"大寒"。大寒，就是天气寒冷到极点的意思。过了大寒又是立春，大地回春，万物复苏，开始新一年的节气轮回。

暑 shǔ

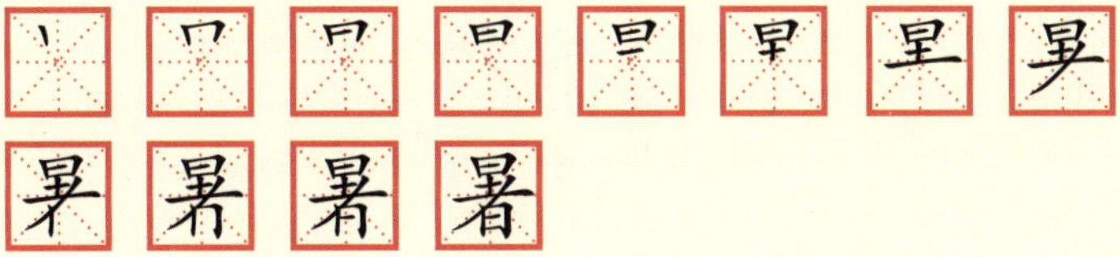

一字三变

小篆 → 楷体

本义：炎热。

"暑"字上为日字，下为"者"，意思可以表示人在太阳底下，所以感到暑热。

引申义为：

1. 炎热的日子。《易·系辞下》："寒往则暑来，暑往则寒来。"
2. 夏季。《列子·汤问》："寒暑易节，始一返焉。"
3. 又如：暑月（夏月）；暑雨（夏季的雨）。

炎 yán

本义：火苗升腾。

火很热，两个火字则加重热的程度，说明十分炎热。《水浒传》里的诗文有以下描述，充分表现了热的程度：赤日炎炎似火烧，野田禾稻半枯焦。农夫心内如汤煮，公子王孙把扇摇。

成语达人

暑雨祁寒　夏大雨，冬大寒。

寒耕暑耘　冬耕地，夏锄草。泛指做各种农活。

夏阳酷暑　夏天的太阳，暑气逼人。

诗意汉字

暑　夜

明·宗泐

此夜炎蒸不可当，
开门高树月苍苍。
天河只在南楼上，
不借人间一滴凉。

会唱歌的汉字

快乐的暑假

向黑黑的黑板请个假

向黑板擦问声好

把七彩的校园装进书包

走出校门暑气全消

嘿　真的吗

我要过一个快乐的暑假

暑/361

字里乾坤

给字添或减一两笔看看　暑　暑　暑

小暑大暑立秋处暑

每年7月7日或8日，太阳到达黄经105°时为二十四节气中的小暑。

暑，表示炎热的意思，古人认为小暑期间，还不是一年中最热的时候，所以称为小暑。有节气歌谣："小暑不算热，大暑三伏天。"

"伏"表示阴气受阳气所迫藏伏地下。三伏，是初伏、中伏和末伏的统称，是一年中最热的时节。每年三伏天出现在公历7月中旬到8月中旬，气候特点是气温高、气压低、湿度大、风速小。

在二十四节气中，"小暑"之后是"大暑"，这是一年中最热的节气。"大暑"之后是"立秋"，有"立秋之日凉风至"的说法，"立秋"之后是"处暑"，"处"含有终止的意思，"处暑"表示炎热的暑天结束了。

小朋友，暑天里天气炎热，要注意多喝水给身体降温。

年 nián

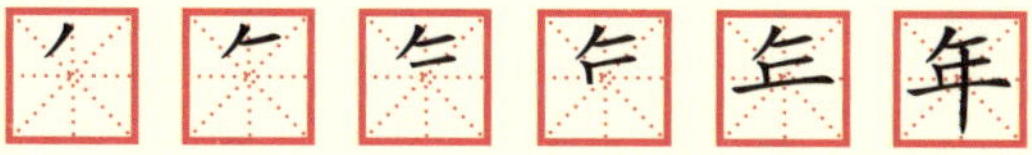

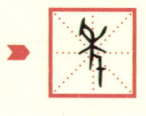

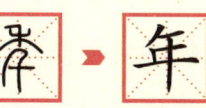

甲骨文　金文　小篆　楷体

本义：年成，五谷成熟。

"年"字最早的写法是一个人背负成熟的禾的形象，表示收成。古时候所谓的"年成"指的就是这个。因此古代的字书把"年"字放禾部。

引申义为：1. 时间单位。《孟子·滕文公上》："禹八年于外，三过其门而不入。"

2. 年纪，岁数。《列子·汤问》："年且九十。"

3. 姓氏。

时 shí

本义：季度，季节。

指时间单位，一天分二十四小时。引申为一切物质不断运动变化或发展所经历的过程，如时光。也作节令、季节，如时令。

成语达人

年久失修　年久容易失修，脑袋长时间不转，也会"生锈"。多动脑，脑袋才会更聪明，日本科学家发现多做些数学题能够预防老年痴呆症。

年富力强　年纪轻，精力旺盛。

年年岁岁　每年。

诗意汉字

元　日

宋·王安石

爆竹声中一岁除，
春风送暖入屠苏。
千门万户曈曈日，
总把新桃换旧符。

会唱歌的汉字

喷喷香的年夜饭

噼噼啪啪什么响

噼噼啪啪鞭炮响

叮叮当当什么响

叮叮当当锅瓢儿响

嘻嘻哈哈什么响

嘻嘻哈哈笑声响

我们一家团团坐

又吃菜，又喝汤

年夜饭，喷喷香

字里乾坤

给字添或减一两笔看看　年　年　年

一字一故事

过 年

  过年，是指过"年节"，现在称为"春节"。按照旧习俗，从年尾十二月廿三、廿四的祭灶日也是扫尘日开始，一直到正月十五元宵节夜止，将近一个月的时间都称为"过年"，也就是我们现在所说的春节期间。如果从预备"年货"开始计算，大约从年尾十二月十五日、十六日便进入年关大忙，在民间称为迎春日。

  迎春日里，有一些重要的传统民俗，比如民间有"年二十八洗邋遢"的谚语。家里家外打扫除，除去一年的晦气，干干净净迎接新的一年到来。还有贴窗花、贴门神、贴春联，准备丰盛的食物菜肴等，这些都是在迎春日里家家户户要做的事情。

  "除夕"是农历全年最后一个晚上，"除"字是"去、易、交替"的意思，除夕是"月穷岁尽"，旧岁至此而除，来年另换新岁。除夕夜、大年夜、年三十，都是同一天。除夕，是特定意义上的过年。在除夕之夜一家人团聚吃年夜饭，是最重要的过年习俗，老百姓有句话说：有钱没钱回家过年，正是要回到家中与家人吃年夜饭。在除夕有守岁的习俗，在烛火灯光中，一家人围坐在一起说话，迎接新年的第一个早晨。古时守岁有两种含义：年长者守岁为"辞旧岁"，有珍爱光阴的意思；年轻人守岁，是为延长父母寿命。

  过完除夕，就是大年初一，也就是春节。从这一天开始，春天来了，新的一年开始了。春节也有许多的习俗活动，比如晚辈给家中长辈拜年，长辈们给晚辈压岁钱。人们走在街上，相识的人要互相拜年，互祝对方新年吉祥，万事如意。

  小朋友，你知道春节还有哪些习俗活动吗？

宵 xiāo

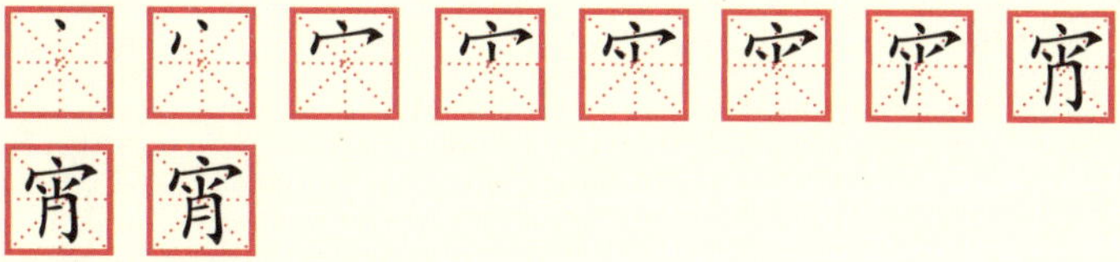

一字三变

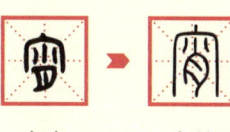

金文 → 小篆 → 楷体

本义：夜晚。

从宀（mián），肖声。从"宀"表夜间昏暗。

"宵"指入夜时段，大概在晚饭后的八、九点钟，是上床睡觉的时候。

"夜"指黄昏之后夜幕降临到次日早晨太阳快要出来的时段，大约是每天傍晚六时到次日早晨六时。

暮 mù

本义：日落时，傍晚。

古字作"莫"，像太阳落到草丛中，表示天将晚。

喻指年老，衰老。如庾信《哀江南赋序》："藐是流离，至于暮齿。"或指迟、晚。如《论衡·明雩》写道："暮者，晚也。"再如《楚辞·离骚》中描述："恐美人之迟暮。"

成语达人

宵衣旰食 天不亮就穿衣起床，天晚了才吃饭歇息。多以称颂帝王勤于政事。

通宵达旦 整整一夜，从天黑到天亮。

良宵好景 美好的夜晚和景色。同"良宵美景"。

诗意汉字

青玉案·元夕

宋·辛弃疾

东风夜放花千树，
更吹落，星如雨。
宝马雕车香满路，
凤箫声动，玉壶光转，
一夜鱼龙舞。
蛾儿雪柳黄金缕，
笑语盈盈暗香去。
众里寻他千百度，
蓦然回首，那人却在，
灯火阑珊处。

会唱歌的汉字

元宵歌谣

元宵节，月亮圆

圆圆元宵黏又甜

观花灯，踩高跷

大街小巷真热闹

宝宝对着月亮笑

又是一年春来到

字里乾坤

给字添或减一两笔看看　宵　宵　宵

一字一故事

元宵节

农历的正月十五，是中国的传统节日元宵节。

正月为元月，古人称夜为"宵"，而十五日又是一年中第一个月圆之夜，所以称正月十五为元宵节。按中国民间的传统，在一元复始，大地回春的节日夜晚，天上明月高悬，地上彩灯万盏，人们观灯、猜灯谜、吃元宵，合家团聚，其乐融融。

古时候，人们为了驱逐黑暗的恐惧感，于是灯笼衍生为具有驱魔降福、祈许光明之意。在闽南方言中"灯"与"丁"发音相近，所以灯笼也用来求子添丁，求取功名，求得避邪平安。民间还有一种"光明灯"，在岁末年初时，把灯笼放在寺庙中，祈借佛的法力求得一年中平安顺利。

元宵节是中国传统的灯节，这一习俗一直延续到现在，每年的元宵节，在城市乡村到处都是五彩缤纷的花灯，非常喜庆热闹，人们走出家门，加入游花灯的队伍。

小朋友，今年的元宵节，你去看花灯了吗？

朝 zhāo cháo

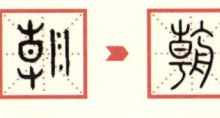

一 十 + 古 古 古 直 卓 朝 朝 朝 朝

一字三变

朝 → 朝 → 朝
金文　小篆　楷体

本义：早晨。

金文"朝"字形像太阳已出草中而月亮尚未隐没形。

其引申义为：1. 早晨省亲，子、媳向父母、公婆请安。晨见曰朝……子于父母、妇于舅姑皆是。——清·徐灏《说文解字注笺》2. 朝见，封建时代臣见君。盛服将朝，尚早，坐而假寐。——《左传·宣公二年》3. 朝廷。4. 朝代，指同一姓帝王连续继承王位的时代。

旭 xù

本义：光明，早晨太阳才出来的样子。

指初出的太阳，晨曦。如：旭光（朝阳之光）；旭景（朝阳）。或指光。如唐·佚名《处士张兴墓志铭》写道："玄门一掩，寒灯无旭。"也可作姓。

成语达人

朝气蓬勃　朝气：早上的空气，引伸为新生向上，努力进取的气象；蓬勃：旺盛的样子。形容充满了生命活力。

朝夕相处　从早到晚都在一起。形容常生活在一起，关系密切。

朝三暮四　原指玩弄手法欺骗人。后用来比喻常常变卦，反复无常。

诗意汉字

早发白帝城
唐·李　白

朝辞白帝彩云间，
千里江陵一日还。
两岸猿声啼不住，
轻舟已过万重山。

会唱歌的汉字

朝 阳

鸟儿栖息在梦的边缘

清亮的鸣叫

吵醒了太阳的好梦

太阳踢开厚厚的黑被子

睁开迷蒙的睡眼

探出湿答答的脑袋

捧起露水洗了洗脸

伸一伸长舌头

舔红了白云的脸蛋

吹一口热气

吹跑了罩住天地的黑斗篷

字里乾坤

给字添或减一两笔看看　朝　朝　朝　□　□

奇妙的对联

在山海关孟姜女庙上挂着一副对联，相传是南宋时期王十朋所作：

上联是：海水朝朝朝朝朝朝落，

下联是：浮云长长长长长长长消。

这副对联初一看，有点让人摸不着头脑，不知如何来读。

其实这副对联妙就妙在用字上，作者利用了中文的一字多音，组成了一副巧妙对联，而且对联气势磅礴，营造了大海奔腾、浮云纷飞的壮阔景象。上联中的"朝"字，一指早晨，读"zhāo"；一指海水涨落，读"cháo"，通"潮"。下联中的"长"字，一指经常，读"cháng"；一指浮云消长，读"zhǎng"，通"涨"。

这副巧妙的对联流传很广，也有了多种不同的读法。

小朋友，我们来读一读吧：

海水朝朝潮，朝潮朝朝落；浮云长长涨，长涨长长消。

海水潮，朝朝潮，朝潮朝落；浮云涨，长长涨，长涨长消。

海水朝潮，朝朝潮，朝朝落；浮云长涨，长长涨，长长消。

夕 xī

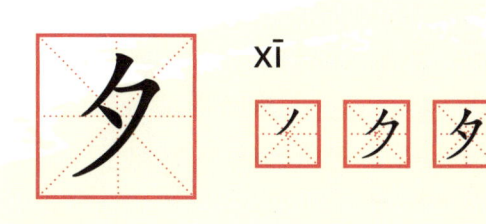

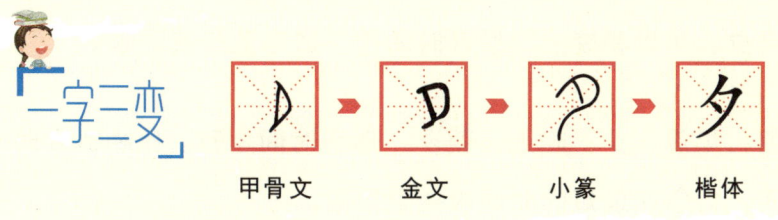

丿 夕 夕

一字三变

甲骨文 → 金文 → 小篆 → 楷体

本义： 黄昏，傍晚。

一字多义

指事。从月半见。

指：1. 日落的时候，如夕阳，夕照。初昏为夕。——《洪范·五行传》注

2. 泛指晚上，如前夕（指一年的最后一季或一个月的下旬），除夕（一年最后一天的夜晚）。晡时至黄昏为日之夕；下旬为月之夕；自九月尽至十二月为岁之夕。——《洪范·五行传》注

夙 sù

本义： 动词：在星月下通宵劳作。

关联字

作名词时，意为大清早。如三国蜀·诸葛亮《出师表》写道："受命以来，夙夜忧叹，恐托付不效，以伤先帝之明，故五月渡泸，深入不毛。"

作形容词时，意为蓄积已久的、长期持续的，如夙敌。

成语达人

危在旦夕 旦夕：早晨和晚上，形容时间短。形容危险就在眼前。

只争朝夕 朝：早晨；夕：晚上；朝夕：形容时间短暂。比喻抓紧时间，力争在最短的时间内达到目的。

朝令夕改 早晨发布的命令，晚上就改了。比喻经常改变主张和办法，一会儿一个样。

诗意汉字

乐游原
唐·李商隐

向晚意不适，
驱车登古原。
夕阳无限好，
只是近黄昏。

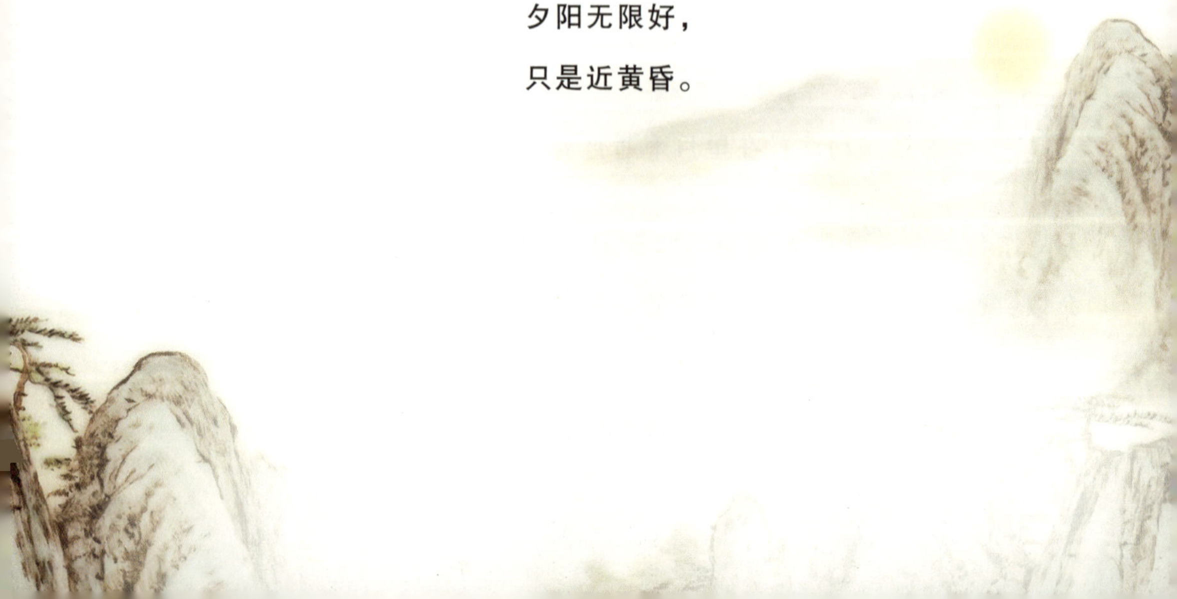

会唱歌的汉字

夕阳的嫁衣

夕阳妹妹要出嫁了
天空妈妈为她做了红衣裳
夕阳妹妹羞红了脸
满天的喜庆红啊
映到了老婆婆的脸上
红光满面
金发随风飞扬
满天的喜庆红啊
投在孩子们的身上
红扑扑的脸蛋上
汗珠儿闪着七彩的光芒

夕/377

字里乾坤

给字添或减一两笔看看 | 夕 | 夕 | 夕 | | | |

夕阳西下，断肠人在天涯

元代诗人马致远是河北省沧州市东光县人，因《天净沙·秋思》而被称为秋思之祖。

马致远年轻时热衷功名，希望有为国家建功立业的机会，只是时运不济，他的"佐国心，拿云手"的政治抱负，一直没能实现，在经过了二十年漂泊生涯之后，身心俱疲，萌生了退隐林泉的念头，晚年过着"林间友""世外客"的闲适生活。他的一首小令《天净沙·秋思》脍炙人口，匠心独运，自然天成，成为后人最为熟悉追诵的名篇。

枯藤老树昏鸦，小桥流水人家，古道西风瘦马。夕阳西下，断肠人在天涯。

一曲小令，二十八字，意蕴深远，抒发了一个飘零天涯的游子在秋天思念故乡、倦于漂泊的凄苦愁楚之情。

小朋友，你能说出诗人在小令中写出了几种景物吗？

10 文化篇

远看山有色，
近听水无声。
春去花还在，
人来鸟不惊。
——唐·王维
《画》

qin 琴

一字三变

小篆 → 楷体

一字多义

本义：多枕多弦的弹拨乐器。

小篆的琴字形像有支架、有弦枕、有众多丝弦的乐器。

后引申为靠振动金属丝或金属片发音的乐器。如：提琴；胡琴。

中国古代文人是一定要学会琴棋书画的。琴排在第一位，因为琴的声音美妙动听，能陶冶人的情操，是一项高雅的艺术。擅长弹琴的人，往往会更能注意到生活中的美，更有毅力，更开朗豁达。当你给大家演奏一首美妙动听的曲子时，别人一定会羡慕不已的。

zhēng 筝

关联字

本义：表示手拨乐器。

筝，拨动竹身乐器的琴弦而奏乐。字形采用"竹"作边旁，采用"争"作声旁。现在也引申为以竹篾为架构、在空中飘飞时发出鸣响的玩具。如风筝。

成语达人

对牛弹琴　对着牛弹琴，讥笑听话的人不懂对方说的是什么。
比喻对蠢人谈论高深的道理，白费口舌。

人琴俱亡　形容看到遗物，怀念死者的悲伤心情。
常用来比喻对知己、亲友去世的悼念之情。

琴心剑胆　比喻既有情致，又有胆识。
旧小说多用来形容能文能武的才子。

诗意汉字

弹　琴

唐·刘长卿

泠泠七弦上，
静听松风寒。
古调虽自爱，
今人多不弹。

会唱歌的汉字

弹 琴

池塘是风儿的琴

弹着弹着

到处飘满荷花的清香

荷花是蜻蜓的琴

弹着弹着

池水摇荡花瓣的鲜亮

花瓣是小鱼的琴

弹着弹着

水下传来浪花的吟唱

字里乾坤

给字添或减一两笔看看　琴　琴　琴

一字一故事

高山流水

俞伯牙从小就酷爱音乐，所弹琴声优美动听，犹如高山流水一般。虽然有许多人赞美他的琴艺，但他认为没有遇到真正能听懂他琴声的人。

一年，俞伯牙奉晋王之命出使楚国，途经汉阳江口，月朗星稀，伯牙兴致大发，一首接一首地弹着琴，吸引了砍柴人钟子期。交谈中，伯牙发现子期竟精通琴音之道，两人相谈甚欢，遂结拜为兄弟，相约明年中秋故地重聚。第二年，伯牙重返故地，却等来了子期的死讯，悲痛的伯牙在子期坟前弹完《高山流水》之后，以刀断弦，说道："知己已逝，我还能为谁弹琴。"

两位"知音"的友谊感动了后人，人们在他们相遇的地方，筑起了一座古琴台。直至今天，人们还常用"知音"来形容朋友之间的情谊。

后人有诗赞美曰：摔碎瑶琴凤尾寒，子期不在对谁弹？春风满面皆朋友，欲觅知音难上难！

棋 qí

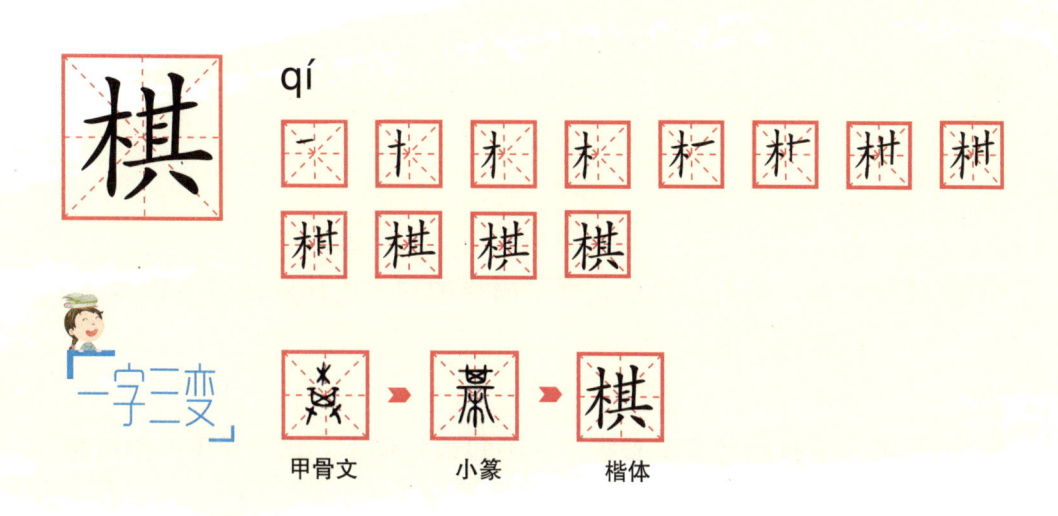

一 十 才 木 朴 杧 柑 柑 柑 搓 棋 棋

一字三变

甲骨文 → 小篆 → 楷体

本义：古时通称博弈的子为棋。

一字多义

名词，博弈玩具，在箕筐内投掷有不同记号的若干小木块，或手持盛有小木块的箕筐不断摇动，以小木块记号的组合结果定输赢。可理解为下棋，即以一定规则进行攻守对抗的木、石或玉制的博弈玩具。

生活中常见的类型有：军棋、跳棋、围棋、象棋、走棋、飞行棋等。

小朋友们：你知道有哪些棋？你会什么棋？你觉得下棋有趣吗？你最想学什么棋？

弈 yì

本义：下棋。

关联字

《说文解字》："弈，围棋也。"古代指围棋。

也引申为大。如：弈弈（高大的样子）。

成语达人

棋逢对手 逢，遇到；对手，水平相当的对方。比喻双方本领相当，不相上下。

举棋不定 下棋的时候拿着棋子，不知该如何下。比喻做事情的时候有很多顾忌，犹豫不决。

棋高一着 一着：下棋时下一子或走一步。棋艺高人一步。也比喻技高一等。

诗意汉字

送宋处士归山

唐·许浑

卖药修琴归去迟，
山风吹尽桂花枝。
世间甲子须臾事，
逢著仙人莫看棋。

会唱歌的汉字

下象棋

小小棋盘一片天
无穷奥妙藏其间
对弈规则并不难
要想取胜不简单
棋子之间无硝烟
其实敌我战正酣
大王小兵不一般
尊卑贵贱地位悬
后车马象各一边
为了胜利抱成团
人人毕生如棋盘
步步为营天地宽

字里乾坤

给字添或减一两笔看看　棋　棋　棋

烂 柯

南朝·梁·任昉在《述异记》中讲述了一个关于围棋的故事。

古时候，有个叫王质的青年进山砍柴，这座山位于今天的浙江衢州境内，叫石室山。在山中，他遇到几位童子，有的在下棋，有的在唱歌，很快乐的样子。王质走过去看他们下棋听他们唱歌。一位童子递给他一个形状像枣核的果子，王质吃了下去，竟然不觉得饥饿了。过了一会儿，童子问他："你为什么还不走呢？"王质这才想起自己是来砍柴的，这时他看见自己的斧子上木头的斧柄已经完全腐烂了。等他回到山下，那些与他同时代的人都已经没有了。

原来王质遇到的童子都是仙人，那座山也是一座仙山，在仙山上，仙人们度过一天时间，而在山下人间，已经过去了几十年了。

后人用烂柯来形容岁月流逝，沧海桑田，物是人非；后人也以烂柯指代围棋和围棋相关的故事。

小朋友，你知道围棋也称为手谈吗？你喜欢下围棋吗？

shī

诗

丶 讠 讠 计 诈 诖 诗 诗

「一字三变」

𧩙 → 诗

小篆　楷体

「一字多义」

本义：指诗歌。

比喻美妙而富于生活情趣或能引发人强烈感情的事物。如：诗景（优美的景色）、我们常用诗意来表达富有美感的意境。

诵诗；作诗；赋诗歌颂。作诗、吟诗的兴致或情绪。

诗，是一种语言艺术，它不同于说话。诗最早出现是为了表达人们的感情的。诗最早更多的是歌，大家意识到歌的重要性，就加工发展成诗，诗产生了很多年了，但一直到现在没有发生变化的一点就是——诗是表达人们情感的。

gē

歌

本义：求偶男女对唱情歌。

「关联字」

1.歌颂、赞美；2.奏乐、伴奏。

小朋友们：你喜欢唱歌吗？你会唱什么歌？

有些歌你可必须得会噢，比如：国歌、校歌，还有我们的班歌。

成语达人

诗情画意 像诗画里所描绘的能给人以美感的意境。
指文学作品中，所蕴涵的情趣。也指风景优美，耐人寻味。

刻烛成诗 用刀在蜡烛上刻痕，同时提笔作诗。
形容才思敏捷。

如诗如画 好像诗和画一样美丽。

诗意汉字

关 雎

关关雎鸠，在河之洲。
窈窕淑女，君子好逑。
参差荇菜，左右流之。
窈窕淑女，寤寐求之。
求之不得，寤寐思服。
悠哉悠哉，辗转反侧。
参差荇菜，左右采之。
窈窕淑女，琴瑟友之。
参差荇菜，左右芼之。
窈窕淑女，钟鼓乐之。

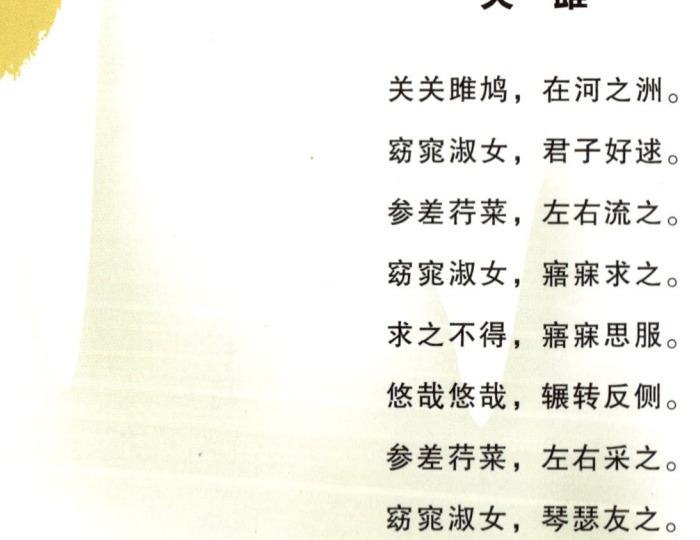

会唱歌的汉字

春天是一首诗

春天是一首诗

春天这首诗是花朵写的

花朵用多彩的笔

写出了春天丰富的内涵

花朵用甜蜜的汁

写出了春天醇浓的温馨

春天是一首诗

春天这首诗是小鸟儿写的

小鸟儿用歌声

给诗歌以清灵的韵脚

小鸟儿用轻盈的羽毛

给诗歌以飘逸的意境

字里乾坤

给字添或减一两笔看看　诗　诗　诗

七步成诗

曹操死后，次子曹丕继位。曹丕唯恐几个弟弟与他争位，便先下手为强，夺了二弟曹彰的兵权；又逼四弟曹熊上了吊。此时就剩下老三曹植，曹植才华出众，被当时人推尊到文章典范的地位。曹丕对他忌恨在心。命令曹植在大殿之上走七步，然后以"兄弟"为题即兴吟诗一首，但诗中却不能出现"兄弟"二字，成则罢了，不成便要痛下杀手。曹植不假思索，立刻脱口而出："煮豆燃豆萁，豆在釜中泣。本自同根生，相煎何太急。"这便是有名的"七步成诗"。曹丕听了以后潸然泪下，没下得了手，只是把曹植贬为安乡侯。

huà

画 一 丆 丙 雨 面 画 画

一字三变

畫 ▶ 画

小篆　楷体

一字多义

本义：划分，划分界线。

画，用笔划定边界线。字形像田畴四边的界线。聿，表示用以画界的笔。所有与画相关的字，都采用"画"作边旁，这是古文写法的"畫"字。

后引申为绘画；作画。图画、图像，画成的人像。

在古代，弹琴（多指弹奏古琴）、弈棋（大多指围棋和中国象棋）、书法、绘画是文人骚客（包括一些名门闺秀）修身所必须掌握的技能，合称琴棋书画，即"文人四友"。今常表示个人的文化素养。

shū

关联字

本义：书写，记录，记载，作书，画。

古代有四书五经，被称为儒家经典。四书指《论语》《孟子》《大学》和《中庸》；五经指《诗》《书》《礼》《易》《春秋》。我们读书需要有所选择，读好书，读经典，这样才能滋养我们的心灵，从而成为一个知书达礼的人。

成语达人

画饼充饥 画个饼来解除饥饿。比喻用空想来安慰自己。

画地为牢 在地上画一个圈当做监狱。比喻只许在指定的范围内活动，不得逾越。

江山如画 山川、河流美如画卷。形容自然风光美丽如图画。

诗意汉字

画

唐·王　维

远看山有色，
近听水无声。
春去花还在，
人来鸟不惊。

会唱歌的汉字

我是小画家

深情地挥动七彩画笔

蓝天大海都会欢迎我

小天使,大自然的小天使

你想给未来的世界画些什么

是画出青山长青

还是画出绿遍沙漠

是画出常开不败的花季

还是画出永不消逝的春色

画/395

字里乾坤

给字添或减一两笔看看　画　画　画

齐白石画虾

提起大名鼎鼎的大画家齐白石，我们总是会想到他画的活灵活现的虾。这些虾在白石老人的笔下，灵动而呈半透明的质感，在水中嬉戏，或急或缓，时聚时散，情态各异，着实惹人喜爱。然而白石老人取得这样前无古人的成就却是来之不易，据说他画虾先后竟历经八十六年，真是千锤百炼才打造了"白石虾"。

齐白石从小喜欢在池塘边玩耍，与水中的虾结下缘分。比如他会在题画时写下"儿时乐事老堪夸，何若阿芝絮钓虾"。

为了画好虾，他在自己家里养了长臂青虾，经常观察虾的形态并写生，将虾的进退，游的急缓，甚至斗殴、跳跃等情态统统收于笔端。通过观察，齐白石发现虾的弹跳主要是靠腹部的力量，所以在画的时候，将虾的腹部第三节拱起，很好地表现出虾体的曲直，这样虾就画得更生动了。他又将虾钳的前端一节画粗，笔力得以体现。最令人叫绝的是他在虾的头胸部的淡墨未干之际加上一笔浓墨，立刻增加了透明感，也使中国画的笔墨味更浓了。虽然在宣纸上没有画水，但是齐白石画的虾让我们看到的是在水中鲜活的虾，非常传神。这就是中国水墨画的神奇所在。

cè 册

丿 刀 刋 册 册

一字三变

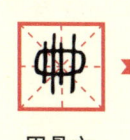

甲骨文 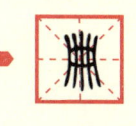 → 小篆 → 楷体

一字多义

本义：书简。古代文书用竹简。

册，甲骨文字形像是用皮绳串连起来的大量竹片或木片。

在春秋战国至魏晋时代，因为当时没有纸，人们把文字写在狭长的竹片或木片上。竹片称"简"，木片称"札"或"牍"。这种竹片或木片，通称为"简"。一块简只能写几十个字，记载一件事，往往需要很多块"简"。为了查找方便，人们用熟牛皮条把这些简按次序串编起来，"册"字很像几片竹简用绳子串在一起。后来，书写的材料逐渐用纸代替，印出的文章装订成书仍沿用了"册"这个名称。

竹 zhú

本义：多年生常绿植物。竹子。

关联字

周代，中国已有根据乐器的不同制作材料进行分类的方法，分成金、石、丝、竹、匏、土、革、木等八类，叫做"八音"。在周代末期至清初的三千多年中，中国一直沿用"八音"分类法。因为我们古人所选用的材质都是自然界天然生成的，所以，长久听之，对我们身心是极为有益的。

成语达人

人手一册　人人拿着一本（书）；每个人都有。形容读书的人很多。

高文典册　指朝廷中的重要文书、诏令等。

连篇累册　形容篇幅过多，文辞冗长。同"连篇累牍"。

诗意汉字

咏　怀

唐·李　贺

长卿怀茂陵，绿草垂石井。

弹琴看文君，春风吹鬓影。

梁王与武帝，弃之如断梗。

惟留一简书，金泥泰山顶。

会唱歌的汉字

画 册

我有一本精美的画册

上面画着许多爱笑的星星

也许是我比较任性

将星星一颗颗摘下

轻轻地放在黑暗的夜空

让它们将人间点亮

也许是我喜欢亮光

所以白天我将星星摘下

放入孩子们的眼眶

让所有清纯的目光变得闪亮

字里乾坤

给字添或减一两笔看看 册 册 册

凿壁偷光

西汉时候，有个农民的孩子，叫匡衡。他小时候很想读书，可是因为家里穷，没钱上学。后来，他跟一个亲戚学认字，才有了看书的能力。匡衡买不起书，只好借书来读。那个时候，书是非常贵重的，有书的人不肯轻易借给别人。匡衡就在农忙的时节，给有钱的人家打短工，不要工钱，只求人家借书给他看。过了几年，匡衡长大了，成了家里的主要劳动力。他一天到晚在地里干活，只有中午歇晌的时候，才有工夫看一点书，所以一卷书常常要十天半月才能够读完。匡衡很着急，心里想：白天种庄稼，没有时间看书，我可以多利用一些晚上的时间来看书。可是匡衡家里很穷，买不起点灯的油，怎么办呢？

有一天晚上，匡衡躺在床上背白天读过的书。背着背着，突然看到东边的墙壁上透过来一线亮光。他嚯地站起来，走到墙壁边一看，啊！原来从壁缝里透过来的是邻居的灯光。于是，匡衡想了一个办法：他拿了一把小刀，把墙缝挖大了一些。这样，透过来的光亮也大了，他就凑着透进来的灯光，读起书来。同乡有个大户人家叫文不识，家中有很多书。匡衡就到他家去做雇工，又不要报酬。主人对这件事感到很奇怪，问他为什么这样，他说："我希望能得到诵读一遍你家的书的机会。"主人听了，深为感叹，就把书借给他读。匡衡最终成了大学问家。

cí 瓷

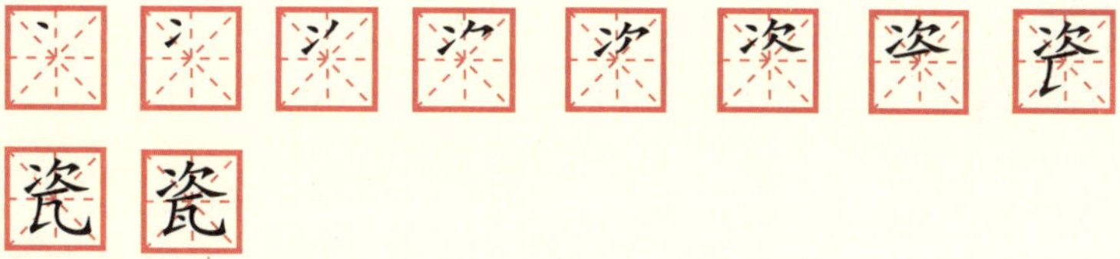

一字三变

小篆 → 楷体

本义：用高岭土烧制成的质料，指瓷器。

一字多义

中国制瓷的历史，可以追溯到3 000多年前的商代。制瓷工艺是在制陶工艺的基础上发明的。瓷器与陶器的烧制过程非常相似。但瓷器与陶器却有着本质的区别。瓷器的坯料是高岭土（也称瓷土）、正长石和石英混和而成的，胎表还要施一层有玻璃质的釉，然后在摄氏1 200度左右的高温下焙烧，成品质地坚硬、吸水率极低、敲击能发出清脆的金属声。陶器的坯料一般是黏土，胎表多不施釉或施有低温釉，焙烧的温度在摄氏700度到800度之间，少数陶器可达到摄氏1 000度。陶器的质地不如瓷器坚硬，吸水性比较强，敲击时发出的声音不清脆。

táo 陶

本义：用黏土烧制的器物。

关联字

陶然：快乐的样子，陶醉。

成语达人

在西方人的眼中，瓷器代表了中国，也代表了深厚的中国文化。含蓄而淡雅，高贵且温润。

中国是世界上率先发明瓷器的国家，为人类历史写下了光辉的一页。瓷器的发明，堪称我国的"第五大发明"，它在技术和艺术上的成就，传播到世界各国，并深刻影响了其陶瓷和文化的发展，为我国赢得"瓷器之国"的盛誉。

诗意汉字

咏白玉金边素瓷胎

清·弘 历

白玉金边素瓷胎，
雕龙描凤巧安排。
玲珑剔透万般好，
静中见动青山来。

会唱歌的汉字

瓷　器

玉色的釉彩

温雅的形态

灵动磅礴的气韵

很多人愿意

具有这样一种美丽

而成为瓷器的前提

是首先把自己打碎

成为渺小的泥

字里乾坤

给字添或减一两笔看看　瓷　瓷　瓷

天青色的汝瓷

宋朝的第八位皇帝宋徽宗的艺术造诣可不得了，琴棋书画无所不及。他是一个喜欢追求事物趣味的皇帝，而且对美的事物有特别的爱好。传说，有一次他做个梦，梦中看到雨后的天空呈现出青色，异常美好。于是他就下令要求宫廷里的瓷器颜色，要像雨过天青色一样。可是"雨过天青色"到底是个什么色呢？这可让烧制瓷器的窑工以及宫廷里的画师们伤透了脑筋。大家都知道青色是绿色和蓝色之间的颜色。但是在绿与蓝之间那可不是一种色的，过渡色调肯定好多种。比如蛋青、茶青、豆青等。功夫不负有心人，最终有聪明的窑工烧制出了天青色的瓷器，徽宗见后大为高兴。

后世人说起宋朝的瓷器，最有代表性的就是天青色的汝瓷。

yù

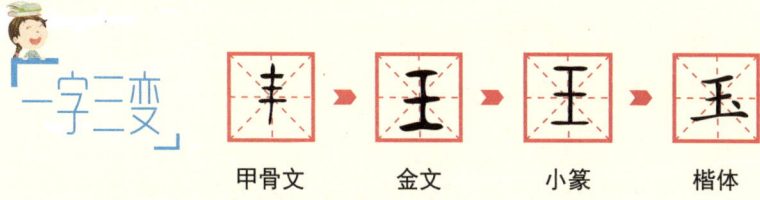

一 = 干 王 玉

一字三变

丰 ▸ 王 ▸ 王 ▸ 玉

甲骨文　　金文　　小篆　　楷体

一字多义

本义：温润而有光泽的美石。

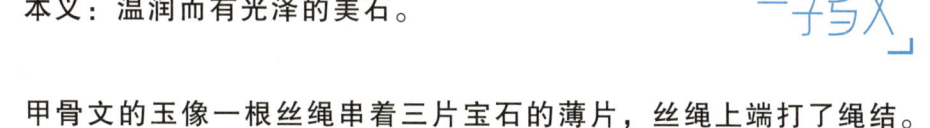

甲骨文的玉像一根丝绳串着三片宝石的薄片，丝绳上端打了绳结。《说文解字》："玉，石之美者，有五德，润泽以温，仁之方也。"

玉，有五种高贵的美德，分别是仁、义、智、勇、洁这五德，与之相匹配的，是玉石的五种特征，就是温润、内外一致、敲击声音清脆、不容易损坏和断口平滑不会伤到别人。

玉色泽温润，美丽，引申为美好，洁白。

玉是温润而有光泽的美石，可以用来比喻色泽晶莹如玉之物或者美德、贤才。

jūn

本义：表示发号施令，治理国家。

关联字

君主：国家的最高统治者。

君子：指人格高尚，道德品行兼好之人。

如：谦谦君子、温润如玉。

成语达人

金童玉女　道家指侍奉仙人的童男童女，
　　　　　后泛指天真无邪的男孩女孩。

金口玉言　极难得的可贵的话，后来也用来泛指不能改变的话。

琢玉成器　琢：雕琢。比喻经过修磨锻炼，方能成器成才。

诗意汉字

玉 阶

唐·李 白

玉阶生白露，
夜夜侵罗袜。
却下水晶帘，
玲珑望秋月。

会唱歌的汉字

良玉歌谣

良玉假雕琢　好诗费吟哦

诗句果如玉　沈谢不足多

玉声贵清越　玉色爱纯粹

作诗亦如之　要在工夫至

辨玉先辨石　论诗先论格

诗家体固多　文章有正脉

细观玉轩吟　一生良苦心

雕琢复雕琢　片玉万黄金

字里乾坤

给字添或减一两笔看看　玉　玉　玉

有眼不识金镶玉

春秋时期，楚国卞和得玉璞献给楚文王，琢之成璧，称为"和氏璧"。传说此璧冬暖夏凉，百步之内蚊不敢飞近，为稀世之宝。秦统一中国后，"和氏璧"几经转手，落入秦始皇之手。秦始皇令玉工将其雕琢为玉玺。玉玺上面镌刻着"受命于天，既寿永昌"八个篆字。四周还雕饰着五龙图案，玲珑剔透，巧夺天工。秦始皇爱不释手，将它奉为神物。

汉灭秦后，"和氏璧"几经沧桑又到了刘邦手中，刘邦把"和氏璧"作为传国玉玺代代相传，一直传了12代皇帝。到了西汉末年，两岁的孺子婴即帝位，藏玉玺于长乐宫。王莽篡政后，派王寻、苏献胁迫孝元皇太后交出玉玺。太后见国破家亡，一怒之下将玉玺取出摔在地上，这件传世国宝当场被崩掉一角，后来又命能工巧匠进行整修，用黄金镶上缺角，于是得名"金镶玉玺"。"金镶玉"即由此而来。

稀世国宝"金镶玉"自三国后即不知去向了，但"有眼不识金镶玉"的谚语却流传至今。

金 jīn

丿 𠆢 亽 全 全 全 金 金

一字三变

金文 → 小篆 → 楷体

本义：金属的通称或金属总名。

金在金文中由沙粒和地矿组成，表示了金是包含在泥沙中的矿粒。金字表明当时的古人开始在河床上面淘金。

金是一种贵重的金属，金色代表着富贵，皇家，可以用来比喻尊重、贵重；比喻坚固；攻不破的或无懈可击的。

银 yín

本义：一种白色金属，通称银子。

银是仅次于金的贵重金属。有俗话说：钱是万能的，但也有钱买不到的。

正确的金钱观：取之有道，用之有节，要靠自己正当的努力去获得。

成语达人

固若金汤　金：金城，指坚固的城墙。汤：指防守严密的护城河。形容防守非常坚固。

金碧辉煌　金碧：金黄青绿的颜色。形容建筑物等颜色鲜明华丽，光彩夺目。

点石成金　神话故事中说仙人用手指一点使石头变成金子，多比喻把不好的或平凡的事物改变成很好的事物。

诗意汉字

白鹿洞

唐·王贞白

读书不觉已春深，
一寸光阴一寸金。
不是道人来引笑，
周情孔思正追寻。

会唱歌的汉字

金色的童年

给我金色的童年
画出碧海和蓝天
太阳公公　月亮姐姐
我们笑得那么甜
给我金色的童年
让我快乐每一天
一篇一页　一滴一点
都是幸福的纪念
金色童年　美丽世界
我的笑脸　我的表演
都留在镜头里面
金色童年　美丽世界
把天天和年年
刻满每一张相片
给我金色的童年

金/411

字里乾坤

给字添或减一两笔看看　　金　金　金

金斧子银斧子

从前，一个小男孩去山上砍柴，在过桥的时候不小心把斧子掉进了河里。小男孩急得哭了起来，这时一位老爷爷出现了，从河里捞出来一把金斧子、银斧子和铁斧子，小男孩没有要金斧子和银斧子，只要了他的铁斧子。老爷爷看小男孩是个诚实的孩子，就把金斧子和银斧子一同送给了小男孩。小男孩的伙伴听到后，故意把自己的铁斧子掉进河里，想要得到一把金斧子，但老爷爷知道小男孩的伙伴不是个诚实孩子，不但没有给他金斧子，就连从河里捞出来的铁斧子也没有给他。

乐 yuè

一 乐 乐 乐 乐

「一字三变」

甲骨文 → 小篆 → 楷体

「一字多义」

本义：音乐。另有读音：lè。

甲骨文的乐，像木枕上系着丝弦的琴具。

又有音乐之意。乐教是古代贵族教育的一大特色，用音乐手段教育贵族子弟。中国的文化非常重视礼乐，礼就是指各种礼节规范，乐则包括音乐和舞蹈。礼乐的起源与人类文明的演进是同步的。

音 yīn

「关联字」

本义：声音。

音，声也。生于心，有节于外。谓之音。——《说文解字》

成语达人

鼓乐齐鸣 击鼓和奏乐声一齐响。形容热闹景象。

钧天广乐 钧天：古代神话传说指天之中央；广乐：优美而雄壮的音乐。指天上的仙乐，后形容优美而雄壮的音乐。

诗意汉字

赠花卿

唐·杜　甫

锦城丝管日纷纷，
半入江风半入云。
此曲只应天上有，
人间能得几回闻。

会唱歌的汉字

琵琶行（节选）
唐·白居易

大弦嘈嘈如急雨

小弦切切如私语

嘈嘈切切错杂弹

大珠小珠落玉盘

乐/415

字里乾坤

给字添或减一两笔看看　乐　乐　乐

滥竽充数

古时候，齐国的国君齐宣王爱好音乐，尤其喜欢听吹竽。

齐宣王爱摆排场，每次听吹竽的时候都要有300人合奏。南郭先生听说了齐宣王的癖好，就向齐宣王推荐自己，齐宣王很高兴地把他也编进了吹竽队中。其实南郭先生压根儿就不会吹竽，每次演奏的时候，南郭先生就捧着竽混在队伍中，跟着摇头晃脑地演奏，看上去和别人一样投入。南郭先生就这样蒙混过关地白拿薪水。

可是过了几年，爱听竽合奏的齐宣王死了，他的儿子齐愍（mǐn）王继承了王位。齐愍王也爱听吹竽，但他喜欢独奏。于是齐愍王发布了一道命令，要这300个人好好练习，然后逐个演奏。乐师们知道后都积极练习，只有南郭先生急得像热锅上的蚂蚁，最后为了保命连夜收拾行李逃走了。

这个故事告诉我们：像南郭先生这样不学无术靠蒙骗混饭吃的人，骗得了一时，骗不了一世。假的就是假的，最终逃不过实践的检验。我们想要成功，唯一的办法就是勤奋学习，只有练就一身过硬的真本领，才能经受得住一切考验。

和 hé

一 二 千 禾 禾 禾 和 和

一字三变

金文 → 小篆 → 楷体

本义：和谐；协调。

"和"由禾和代表嘴巴的口组成，表示用嘴吹奏用禾管编成"排笛"发出谐调共振的乐音。

《说文解字》："和，相应也。"

引申为附和；响应。如：和从（附和顺从）；一唱百和，也有人与人之间和谐相处之意，指和睦协调，和解；和好相处。如和蔼、和气、和亲、和畅、和缓、和洽、和顺、和谐等。小朋友们：你们知道，家人、同学、邻居之间，为什么要和谐相处吗？

温 wēn

本义：温良恭俭让。

关联字

温有温和、温厚的意思，如君子般让人如沐春风。

我们的语言中赞扬"温"这种品德的成语有很多，如和颜悦色、和气致祥等。温和醇厚的性格有助于你跟周围的人和谐相处。

成语达人

和颜悦色　和：平和；颜：面容；悦：愉快；色：脸色。脸色和蔼喜悦。形容和善可亲。

曲高和寡　高：高雅。和：应和、配合，跟着唱。寡：稀少。比喻言论或作品不通俗，能理解的人很少。

和而不同　和：和睦；同：苟同。和睦地相处，但不随便附和。

诗意汉字

天净沙·春
元·白　朴

春山暖日和风，
阑干楼阁帘栊，
杨柳秋千院中。
啼莺舞燕，
小桥流水飞红。

会唱歌的汉字

和老鼠交个朋友

我喜欢你们

一双机灵的眼睛

粉红的耳朵

虽然爱做坏事，

可我还是喜欢你们

如果我到了你们的王国

一定要你们

洗脸、洗手、洗澡、涮牙

还要教会你们

自己劳动

干事不要偷偷摸摸

我还要给大家

介绍个朋友

它的名字叫鼠

和 / 419

字里乾坤

给字添或减一两笔看看　和　和　和

六尺巷

清朝宰相张英的老家要修一所房子。

关于公共部分，张家人和邻居起了争执，双方寸土不让。张家人修书给张英，让他动用权力摆平此事。张英修书一封，只有四句诗："一纸书来只为墙，让他三尺又何妨。长城万里今犹在，不见当年秦始皇。"张家人看后惭愧不已，于是主动后退三尺。邻居见了也是很羞愧，同样后退三尺。于是两家之间就有了这条巷子，称为六尺巷。

这个故事告诉我们：大家互相让一步便能和谐相处，宁可多一个朋友也不要多一个敌人。特别是邻里间，可能会有一些争执，但是只要大家都退一步，互相理解对方，便会少了很多争吵。

后记

从乐学馆到"解字国学"

2014年1月19日,乐学馆在广州番禺开业。

著名教育家徐中玉先生在百岁生日当天,为我们题写的"乐学馆"三个遒劲有力的正体字,高悬在大门上方,端庄古雅。社区居民纷纷来到开业仪式现场。孩子们穿着汉服,在老师的引导下,进行意蕴深长颇有形式感的开笔礼,他们为父母敬茶,表达梦想,书写大大的汉字"人"。作为主持人,我介绍了乐学馆的宗旨与期待。

今天的孩子从小开始忙于接受知识与技能,少有系统地接受学习养正与修身的人格教育课程。因此,将传统文化教育的宝贵智慧加以提炼、锻造,与现代学校教育相结合,使之能够真正造福于今天的孩子们,是乐学馆的办学初心。

乐学馆,是一次国学通识教育的实践。筹备初期,得到了一批传统文化造诣深厚并取得杰出成就的专家、资深媒体人以及在中小学教学一线的名师支持,陈实、谭运长、许光烈、梁凤莲、刘晓春、陈锐军、唐文武等,大家怀着共同的情怀与理想,愿意为立足民间,虽小却承载着传统文化精神的乐学馆,尽一份自己的力,秉承"以灵魂触动灵魂,以思想影响思想,以行动促进行动,以文化传承文化"的精神理念,希望探索研究如何令博大精深的传统文化智慧以"乐学"的方式陶冶少年儿童之心性,达到"以文化人"的目的。

乐学馆得以顺利开办,一位鼎力的支持者不能不提。新加坡实业家书鸿女士,用一句"知书达理"来形容真是恰到好处。她虽然从商却对传统中华文化有极深的认知,同时饱含深情。她为乐学馆的成立,提供了物质支持，同时贡献了许多的智慧，让我们身处书斋的人打开了视野，为我们从理论研究进入教学实操，带来了不一样的启发。

在几位核心成员中，徐中玉先生的弟子谭运长，激情满怀地投入到乐学馆的筹备与教学中，并为乐学馆教材研发、教学组织发声出力；语文名师唐文武原是某中学副校长，直接义无反顾地加入到了国学通识教育实践中，他的努力付出为乐学馆的发展提供了更多的可能性。杨晓悠是一位数学奇才老师，他对学生们有着极强的吸引力，简直可以说是魔力，无论是否喜欢数学的孩子，只要跟着他上一节课，就能爱上数学，或者说爱上杨老师的数学课。有着丰富组织经验的潘淑媛，为乐学馆的规范化正常运作起到了重要的作用。中文系毕业生程宗洋的到来，给了我们很大的帮助。这位身材瘦高、个性腼腆的大男生，能很好地理解乐学馆的教育理念，并将之落实到日常教学中，很受学生欢迎。

至于我加盟乐学馆的原因，先说点没有关系的关系。

管氏祖谱上有几则记载，让我阅之仿佛与先人晤对。明万历江苏武进乡贤管融宇，潜心理学，订正《性理大全》诸书，手录成帙，多所发明。时督学李懋芳有"不输二程"之奖。郡邑大夫揭此四字于堂，先生瞿然曰："何敢当此名，下而匿之。""匿"字传神，道出先人的儒者之气。南明弘光政权官拜礼部右侍郎，以少伯行宗伯事的管绍宁，在清军刀前留下遗言"以礼立身不避难"，《明史》有传。

清宣统年间曾祖父管廷钊在家乡武进创办洛声小学，被誉为崇尚教育之乡贤。1949 年，39 岁的祖父身背曾任职国民党国防部的历史解甲归田，留下家训："书犹药，可以医愚。"

世居徽州绩溪的周氏家族中，民国 34 年（1945）我的外公周德祥与其兄周德之，在家乡创办竹里小学，时至今日学校里依旧传出朗朗的读书声。周德之曾任休宁中学校长，休宁是著名的状元县，历史上曾有19位状元。外婆从小入私塾，成为书法家黄澍先生的女弟子。离外婆家隔着几间屋子就是教育家陶行知的启蒙馆，其所在的休宁万安老街，也是我出生的地方。青年时代的我的母亲曾任小学老师，我的姐姐、姐夫至今活跃在教学岗位，桃李满天下。

1985年，我毕业于华东师范大学中文系，当时的系主任是教育家徐中玉先生；我的第一份工作是大学老师……

这没有关系的关系说得远了，但一一看来，读书教书与我几乎是命中相合。

所以，乐学馆的启动续了我的梦，我也在想象中希望乐学馆将会启动更多人的梦。

然则，理想很丰满，现实很骨感，并不是所有的人都能够理解并接受我们的初心。

开馆初期，一位大模大样的中年男子，径直走进乐学馆，环视一圈，只见四面墙壁的橱柜里摆满书籍，几把红木官帽椅端端正正放在宽大的桌子前。男子问我这里卖什么。乐学馆置身在一条商业街上，左右邻舍都是各种商业店铺，对面是卖文具的，隔壁是辅导培训机构（有美术书法培训课、英语课、作文辅导），当然还有各种餐馆，等等。显然男子没有看懂"乐学馆"，以为是卖乐器的。看着他不以为然甚至有些不屑的表情，我回答他：这里"卖"智慧。

如这位男子一样，当时更多的社区居民，更热衷给自家孩子报读各类补习班，他们出入在各种考级辅导班，而对于大门敞开、房内干净且充满书卷气息的乐学馆却视而不见，后有家长得知乐学馆里有知名的教授专家老师，表示因为摸不清底细，不敢进来。

虽然起步艰难，不被理解，但是，说起乐学馆的办学，有一些事一些人深深留在了我的记忆中。

　　作为乐学馆馆长，我重要的工作是详细解答每一位前来咨询的家长的各种问题，从孩子的学业到家庭琐事，我们从陌生聊到熟悉，甚至会发展成美好的友谊。涂老先生是一位对传统文化非常向往与尊敬的老人，他在第一时间将孙女凤琳送到了乐学馆，每一次的公开课、家长课，他都是早早地坐在课室等着老师，不仅如此，他为我们的招生等事务出谋划策，认真程度令人感动。涂家奶奶热情地邀请我们去家里做客，以美味佳肴相款待，用饭盒装上亲手做的食物送到乐学馆，总是不厌其烦地提醒我们，要注意身体，按时吃饭。

　　30岁的魏老师，在英语培训机构工作，对于课程推销很有经验。第一次见面就非常认可乐学馆，立即将7岁的女儿安心送来上课。我们擅长与家长沟通，擅长教学，至于课时费如何收取，如何开口说价钱，这件事对我来说非常困难。魏老师依照自己的工作经验，专门为乐学馆设计了课程价目。第二天一清早带着现金出现在乐学馆，他说这是安心的学费，也算是乐学馆的正式开张，希望你们尽快有收入。

　　真是令人感动呀！

　　康先生经营文化企业，有学问，有见地，太太是北京大学的教育学硕士。他们8岁的儿子，名瀚之，聪明过人，对于三国历史烂熟于胸，中英文双语切换自如。康氏夫妇对儿子寄望极高，呵护备至。偶然的机会，康先生路过乐学馆，被学养深厚的谭运长老师所折服，当即买下其所著的明朝理学家陈白沙传记《天民》，决定利用复活节假期，将在香港读书的儿子送到乐学馆学习，后正式行了拜师礼。

　　人间万物，百态众生，也有别样的父母。一天下午，一位身材修长、穿着潮流的男子，臂弯里夹着一条小狗，走了进来，他的态度显然不友好，问我为什么他儿子的作业没有完成。我在他对面坐下，然后告诉他，还有比作业没有完成重要一百倍的事情。当我问他有多久没有与儿子交流，知不知道他在班级里遭遇同学们孤立时，这位父亲收起了不屑的神情，紧张地看着我。这位从事服装行业的年轻父亲，实在是太爱玩了，甚至常常忘记家里还有一个儿子，等到发现问题，想当然地认为是老师的责任。另一位情况相似的父亲，在法院工作，神情严肃、不苟言笑，当儿子小武对他表示只想上管老师的课时，这位父亲才坐下来，仔细询问我们的课目和教学形式。可能是父母的家教太严苛，儿子小武的个性相对软弱，缺乏主见。在接下来的学习中，发生了一件令我始料不及的事。这天，乐学馆的电话响了，是小武母亲打来的，让他立即回家，因为要去上另一个可以提高分数的课外辅导班。小武在抵抗了几分钟之后挂断了电话，我问一脸沮丧的他为什么不听妈妈的话。小武瞬间泪水滂沱，糊满了小脸，哽咽抽泣说不出话。好一会儿之后，才大叫出来：妈妈太不讲理了。这事之后，小武的父亲与我有一次长谈，检讨了作为父母的失职，谈话中我得知，8岁的小武已经开始用自残来反抗。

2014年的春节过后，乐学馆在推进教学工作的同时，本着乐学国学的理念，开始进入"一字一国学"的"解字国学"教材研发，从选取汉字到解读汉字，这一点后面再细说。乐学馆的因材施教、因时施教、因事施教"三因教法"在课上课下以各种形式落实践行。"三因教法"是乐学馆的老师们在国学教学实践中摸索总结出来的，它不同于现代学校课堂中规范化的刻板教学，是值得记录的经验。传统教育形式中最重要的特点因材施教、教学相长，在乐学馆得到了很好的传承。至于因时、因事施教，在乐学馆的日常教与学中亦有充分的体现。乐学馆推崇的是"无处不在的教育"。

安心是个聪明可人的女孩，她喜欢偎在我身上，天真稚气的脸上带着小小的骄傲和得意的表情，让我对她怜爱有加。一天早上，安心捂着嘴巴进来，站在我面前一直不放下小手。我问怎么啦，她笑眯眯地看着我直摇头，再过一会，她松开手说："昨天晚上，我的两颗牙不见了。"

"哦，是吗？两颗牙不见了，去哪里了呢？"我问她。

安心闪着黑亮的眼睛说："我从梦中醒来的时候，忽然发现牙齿没有了。"

"是丢到梦里了吗？"

听了我的说话，小姑娘安心有点糊涂了，她眨着眼睛，突然就肯定地说："是的，是掉到梦里了。"随后，我将话题转到了诗歌，安心非常愉快地告诉我以后要做一个诗人。

情感丰富细腻的安心，是一个敏感的孩子。一次刚刚下课，课室里的几位男生开始活跃起来，兴奋地大声抢着说话，互不相让，几乎要掀翻屋顶。安心突然放声大哭起来，止都止不住，满脸泪水。哭声惊到了正在打闹的男生，他们安静下来。安心边哭边说，太吵了，我听不到老师的声音。看着伤心大哭的小姑娘，我的心被打动了。等到其他同学离开课室，我让安心闭上眼睛，让她告诉我听到了什么。这件事过去了六年，但我至今记得小安心的表情，她闭着眼睛，神情专注。她说："楼下有位奶奶在说话，有男孩在踢球，有小鸟一边飞一边唱歌，远的地方有汽车开过去。""还有吗？"我继续问她。

"我听到雨水滴在屋顶上。"

这时的安心早已平静下来，我对她说，现在想一想，刚刚除了大哭，有没有其他解决问题的办法呢？安心说要想一想。接下来的一幕是我偶然听到的。走出课室，安心在一名男生旁边坐下并对他说，下次你能不能小一点儿声音说话。小男生愉快地答应了。另一位性格活跃的男生，在一旁笑嘻嘻地说，再吵我也不会哭的，我会跑开的。

一名美国出生的中国孩子，随母亲回国休假。当他第一次用毛笔写下甲骨文"羊"，兴奋地大叫，立即打通在美国的父亲电话，告诉他说自己会写3000年前的中国文字，好开心。我建议他将写好的书法字拿回家装裱起来，可以作为礼物送给朋友。

鹏浮是个智商极高的聪明男孩，知识面广，动手能力强。天气热起来，乐学馆里开了空调，鹏浮说应该有个告示牌。于是动手在A4纸的两面分别写上"正常工作"和"午间休息"，将白纸上方剪出两个小圆孔，用细线穿过打上结，做好的告示牌被挂在玻璃门上。正是这位聪明好学、看起来有礼貌的小男生，却有着极强的攻击心，随时会突然发作，从长时间的嚎哭到对身边的人动用暴力。通过了解，我得知可能与他弟弟的出生有关，他说心里充满了仇恨，他恨所有的人，特别是弟弟。鹏浮的母亲意识到儿子的心理问题，非常担心，甚至在我面前流下了眼泪。

陆续前来学习的孩子，年龄跨度很大，从学前班到初中生。其中有五名初二男生，表现出色。每周半天学习《论语》，我们的教学从"馆长训话"开始，并形成了固定模式。三分钟的"馆长训话"起因是这样的，初次见到几名男生，他们的身体语言让我当即有了决定。于是，召集起来，一字排开站立，要求每个人的眼睛都看着我，与我目光交流。平和专注而友善的目光，是对他人的基本礼貌，同时能反应内在的定力与修养。就这样，五个初中生开始了第一次的眼神练习，从闪烁虚无到气沉丹田目光有力。我们的课前练习范围很广，说话的声音、语音语调语速，脸部的微笑、倾听的表情，行走的步态、肩颈的打开、背部的挺直，围绕着对身体和情绪的控制与收放。几个星期之后，孩子的变化得到了家长的肯定，懒散放任的男生变成了自觉自律、阳光挺拔的帅小伙。

记忆中还有几件事情让我同样难忘。

开业当天，汉服公司的小伙子未能在预定时间赶到，所有的学生都等得不耐烦，一遍一遍地问衣服什么时候送到，因为他们要换上汉服进行"礼"的表演。我将大家集中到一起，开始因事施教。我提出三个问题，请学生们思考并回答：迟到会造成什么后果？怎样避免迟到？迟到的人可以被原谅吗？焦急等待的心情很快变成了热烈的讨论，学生们给出了各自的答案，分析迟到的各种原因，表示如果事出有因，而且是无法控制的客观原因，应该原谅迟到的人。他们得出的共同结论是，尊重时间，尊重他人，养成良好的习惯。汉服公司的衣服终于送到了，乐学馆的开业典礼在孩子们的认真参与下，顺利完成。

乐学馆的教学形式相比学校的课室是不同的，更加自由。正因如此，有时课堂上会出现过于活跃的情况。学习《三字经》的课上，一名同学率先将打开的书本放在头上，有人跟着模仿，却有人控制不好书本滑了下来，见此情形，我建议大家在继续背诵的同时将书本顶在头上并保持身体端正。除了一个男生，其他同学都按要求完成得很好。这位香港来的男生瀚之，则顽皮地不断逗弄旁边的同学。下课前我做了课堂小结：如果写作业的时候有电视里的动画片在召唤，做手工的时候同学来邀请出去踢球，遇到这些情况，我们应该怎样回应？瀚之同学扮演了一个外在的干扰因子，但是大家经受住了考验，排除了干扰，守住了自己，所以说，今天瀚之同学和大家共同完成了一场关于定力的实验。原以为会受批评的他，慢慢坐直了身体，不安的眼神也安静专注起来。

这事碰巧被教室外的瀚之妈妈看到了，她对我说，乐学馆的老师很有智慧。

乐学馆的工作除了正常的教学，同时还研发国学教材。有别于当时社会上的其他"读经派"国学教学、实践性国学教学等，我们的初衷是为从童蒙到弱冠年龄段孩子进行人格教育，以国学塑造人格与体魄为培养目标。这里包含两个方面，一是人格，一是体魄。在人格培养的目标之下，我们的核心理念是乐学国学，以文化人。由"乐学国学"的理念出发，开发出"一字一国学"的"解字国学"课程。同时，从"以文化人"的理念出发，开发出"一习一人生"的经典践行课程。人格培养是国学教育的根本目标，"一字一国学"的"解字国学"与"一习一人生"的践行课程，成为乐学馆国学通识教育课程体系的核心。

"解字国学"的课程理念是，每一个汉字背后都包含着中华先民的生活场景，体现出古人对大自然、对社会人生的独特看法，凝聚了丰富与深邃的国学智慧。同时，汉字字形、字义、字音的演变过程，也是传统文化丰富与发展的历史，其在诗书之中的应用，本身就是一部国学教科书。深入了解学识、掌握汉字，就能与古人产生对话与共鸣，并达到陶冶情操的目的，继而成为"修身齐家治国平天下"的社会栋梁。

2015年夏天，乐学馆的国学通识教育实践第一阶段完成，"解字国学"以相对完整的形式展现出来，在一边研发一边教学的过程中，我们始终注重学生的学习心理，坚持在快乐中识学汉字，杜绝填鸭式讲授，多用启发式、讨论式、情景式的教学方法，同时注重应用图片、视频、实物观察等直观的教学手段，起到了良好的教学效果。

2019年，唐文武任校长的学之稻教育继续接过"解字国学"的火种，在其机构内进行教学实践，并将该教材应用到佛山南海等地的小学课堂，收到了良好的效果。

今天，回忆这一段乐学馆的国学通识教育实践的珍贵记忆，重提"解字国学"，既是对六年前一群有情怀、有所为的文化学人的致敬，也含有对祖国未来人才的期望。愿历久弥新的中华优秀传统文化在新时代里发扬光大，愿中华儿女在先贤精神照耀下活出自我、活出光彩，为人类的美好明天贡献才华和智慧。

感谢我所任职的广东省文艺研究所，以"国学通识教育"为课题，支持《解字国学》出版。也感谢母校华东师范大学出版社的厚爱，为此书的顺利面市提供有力的支持。

管　琼
2019年12月于羊城